プロジェクトX
PROJECT X
挑戦者たち
Challengers
12

起死回生の突破口

NHKプロジェクトX制作班編

NHK出版

プロジェクトX　挑戦者たち　12

起死回生の突破口　目次

装幀・レイアウト　加藤光太郎デザイン事務所

プロジェクトX　挑戦者たち　～起死回生の突破口

プロジェクトXの放送が始まって二年、制作チーム心一つに、無我夢中の日々を続けてきました。この番組に向けられた人々の熱い気持ちに支えられ、守られながら歩んでいます。不思議なもので、この番組に登場してくれた会社やチームの活躍の便りを聞き、〝頑張ってるな〟と思うと、自分たちも負けずに仕事をしなければ、と戒めています。

初心、新たに思うのは、プロジェクトXは名もなき群像のドラマだということです。描き込まなければならないのは、名は残さなくとも、富は築かなくとも、自分の存在のあかしをその時代に刻み、ひたむきに生きた人々の情熱です。

今回の「起死回生の突破口」に登場する群像も、それぞれの人生を見つめながら、真摯に駆け抜けた人々です。

〝魔法のラーメン〟そのネーミングがとても好きなのですが、カップめんに挑戦した日清食品は、当時、経営不振のなかにありました。また、プロジェクトに集められたメンバーそれぞれも悶々とし、憂い多き日を送っていた人々です。

めん担当の松本邦夫さんは、地元北海道で就職先がなく、入社した日清食品で待っていたのは、自宅待機と草むしりの日々でした。具担当の大野一夫さんは、中途入社。薬の開発を夢見たもののかなわず、無為の日々を送っていました。

その前に現れたカップめんの開発。世界はおろか、社内でさえ食品にならない、と冷たく評価されていました。しかし、逆境のなかにあった人々は、そのとき〝本気〟になりました。松本さんは、開発と試食の日々のなかで、体重を一二キロ削り落としての挑戦でした。大野さんは、様々な食材を前に、未知のフリーズドライへ全身全霊で打ち込みました。営業マンたちは、捨て身の作戦で販路を拡大しました。プロジェクトは、追い詰められたとき、決然と立ち上がり、一点に向かって迷うことなく突き進みました。その姿は、個人個人のやる気と本気があるチームは、決して負けないことを教えてくれています。

疑問や警告を発すること、反対ばかり続けること、客観的に論評することも、誰にもできることです。しかし、覚悟を決め、自分のすべてをさらし、全知を働かせ、一つの目標に立ち向かうことは、挑戦者としての大いなる勇気が必要なのだと思うのです。

二〇〇二年五月一日

NHK社会情報番組部チーフプロデューサー　今井　彰

主題歌

地上の星

作詞・作曲　中島みゆき

1．風の中のすばる
砂の中の銀河
みんな何処へ行った　見送られることもなく
草原のペガサス
街角のヴィーナス
みんな何処へ行った　見守られることもなく
地上にある星を誰も覚えていない
人は空ばかり見てる
つばめよ高い空から教えてよ　地上の星を
つばめよ地上の星は今　何処にあるのだろう

2．崖の上のジュピター
水底のシリウス
みんな何処へ行った　見守られることもなく
名立たるものを追って　輝くものを追って
人は氷ばかり摑む
つばめよ高い空から教えてよ　地上の星を
つばめよ地上の星は今　何処にあるのだろう

3．名立たるものを追って　輝くものを追って
人は氷ばかり摑む
風の中のすばる
砂の中の銀河
みんな何処へ行った　見送られることもなく
つばめよ高い空から教えてよ　地上の星を
つばめよ地上の星は今　何処にあるのだろう

エンディングテーマ曲

ヘッドライト・テールライト

作詞・作曲　中島みゆき

1．語り継ぐ人もなく
吹きすさぶ風の中へ
紛れ散らばる星の名は
忘れられても
ヘッドライト・テールライト　旅はまだ終らない
ヘッドライト・テールライト　旅はまだ終らない

2．足跡は降る雨と
降る時の中へ消えて
称える歌は
英雄のために過ぎても
ヘッドライト・テールライト　旅はまだ終らない
ヘッドライト・テールライト　旅はまだ終らない

3．行く先を照らすのは
まだ咲かぬ見果てぬ夢
遥か後ろを照らすのは
あどけない夢
ヘッドライト・テールライト　旅はまだ終らない
ヘッドライト・テールライト　旅はまだ終らない

ヘッドライト・テールライト　旅はまだ終らない
ヘッドライト・テールライト　旅はまだ終らない

魔法のラーメン
82億食の奇跡

〜カップめん・どん底からの逆転劇

一　熾烈なラーメン戦争での苦闘

世界中で愛される魔法のラーメン

茨城県藤代町。利根川に近いこの地にある食品工場の一角に、決して手をつけてはいけない食べ物がある。その数、二三万食。段ボールの山に詰め込まれた食品は、カップめんである。

首都・東京で大災害が起きたとき、関東一円からカップめん二〇九万食が被災地に緊急輸送される手はずになっている。

お湯を注げば三分でどこでも食べられるカップめん。平成七（一九九五）年の阪神大震災で一六二万食。平成一二（二〇〇〇）年の有珠山噴火のときには三万食が被災地に送られた。

いま、日本のインスタントラーメンの年間生産量は五二億食。このうち、カップめんは約三〇億食。世界では年間の消費量は八二億食。カップめんは、世界中の人々にとって魔法のラーメンになった。

いまから三〇年前、このカップめんの開発に挑んだのは、インスタントラーメンの安売り合戦に巻き込まれて、経営が苦しくなった大阪の食品会社だった。工場の製造ラインは止まり、従業員の給料は夏の間四割も減っていた。自宅待機になった人たちもいた。会社は追い込まれていた。

そのとき、「新商品で会社を救おう」と、名物社長と若者たちが立ち上がった。ターゲットになったのがカップめん。どんぶりで食べるのが当たり前だったラーメンをカップに押し込んで、三分間でいつでも、どこでも食べられる魔法のラーメンを開発しようとしていたのだ。

だが、カップめんの開発は困難を極めた。お湯をかけても、めんが部分的に固くなったり、柔らかくなったりして食べられない。開発者の試食は一日二〇回にも及んだ。それまでの即席めんには入っていなかった具の開発。具にする素材が見つからない。乾燥させると、素材の形が保てず、粉々になって使えない。

開発者の努力が実って何とか完成させても、消費者は受け入れなかった。地を這うような営業作戦が始まった。果たして、このまったく新しい食べ物を消費者は受け入れてくれるのか。

これは魔法のラーメンに会社の存亡を賭けて闘った男たちの、逆転のドラマである。

成功した即席ラーメン

日清食品は、昭和三三(一九五八)年八月に〝チキンラーメン〟を市場に投入して、インスタントラーメンの世界をリードしていた。インスタントラーメンでは業界の草分けだった。

ラーメンは当時もあった。乾麺もあった。だが、〝チキンラーメン〟はこれまでのめんとはまるで違った、まったく新しい即席ラーメンだった。まず、チキン味のついためんが袋に入っていた。そして、めんを袋から出し、どんぶりに入れてお湯を注いでふたをする。二分たってふたを開けると、本物のラーメンがそこにでき上がっている。

日本で最初に製品化に成功した即席ラーメンのスープは、チキン味。なぜチキン味なのか。これには、自ら〝チキンラーメン〟を開発した社長・安藤百福の研究小屋にまつわるエピソードまでさかのぼらなければならない。

安藤は昭和三二（一九五七）年に、自宅の裏庭に一〇平方メートルほどの小屋を建てて、ラーメンの開発を始めた。経済白書が「もはや戦後ではない」と宣言し、日本が高度経済成長時代を走り出したころである。

当時、研究小屋の横では鶏を飼っていた。その鶏は、家族の貴重な食料でもあった。しかしあるとき調理中に、ぐったりしていたはずの鶏が突然暴れ出した。そばにいた息子の宏基（現・日清食品社長）が驚いて、それ以来、鶏肉は絶対口にしないようになった。

そんなに嫌いだった鶏だったが、祖母が鶏ガラでとったスープでラーメンをつくったら、宏基は喜んで食べたのである。それを見て、百福は即席めんのスープをチキン味にすることに決めた。チキンスープは、誰でも大好きな味だからだ。

のちに海外に進出してわかったことだが、宗教によって牛や豚を食べない人々はいるが、鶏肉を食べない人たちは世界中どこにもいなかった。

市場に投入した〝チキンラーメン〟の需要は、ある日突然のように爆発した。〝チキンラーメン〟を発売した昭和三三年。神戸の三宮に「主婦の店」ダイエーがオープンした。新しい流通システムがスタートし、即席めんなど加工食品を大量販売するルートができ上がった。当時ダイエーの特売商品の目玉は、〝チキンラーメン〟と卵だった。

そのころ、民放テレビの放送が始まり、安藤百福は積極的にテレビコマーシャルを活用し、テレ

日清食品の社長・安藤百福は、自宅の裏庭に小屋を建て、ラーメンの研究・開発を始めた。そして誕生したのが、“チキンラーメン”。この“チキンラーメン”の爆発的なヒットで、日清食品はインスタントラーメン業界の草分けとなった。

袋からめんを出し、どんぶりに入れてお湯を注いでふたをする。２分待ったらでき上がり。大ヒット商品となった“チキンラーメン”。

ビ番組の提供も行う。会社はテレビの草創期に生まれ、テレビとともに成長していったのである。
日清食品の売り上げは順調に伸びた。創業五年目で四三億円。昭和三八（一九六三）年には東京、大阪の両証券取引所の第二部に上場を果たした。

熾烈な値引き合戦

だが、インスタントラーメン市場はその後、あっという間に値引き合戦の嵐に巻き込まれた。即席めん業界に参入するメーカーが雨後のたけのこのように増えていって、供給が過剰になったのだ。

昭和四〇（一九六五）年、即席めんをつくるメーカーは数えられないくらい増えていた。「およそ三六〇社に達した」と記録にある。

この当時、インスタントラーメンのシェアは、日清食品、明星食品、エースコックの三大メーカーで六〇パーセント強。これに主要一六社を加えた大手一九社で八〇パーセント強（『酒類食品統計月報』昭和三九年九月）。残りの二割を三百数十社で分け合うというひしめきようだった。いかに零細なメーカーが多かったかがわかる。

こうしたなか、インスタントラーメンの生産量もうなぎ登りで、昭和三五（一九六〇）年には一億五〇〇〇万食。昭和三七（一九六二）年には一〇億食、翌三八年には二〇億食、昭和四一（一九六六）年には三〇億食という、食品としては前代未聞の驚異的なハイペースだった。

昭和三五年といえば、六〇年安保闘争が起き、社会党の浅沼稲次郎委員長が刺殺された年である。だが、インスタントラーメンは需要規模を上回る勢いで生産されたために、業界は激しい安売り合戦に巻き込まれていく。昭和三八（一九六三）年には、一袋三五円の希望小売価格が三〇円となり、実勢価格になると二五円というのが大半になった。なかには、一九円、一五円、九円といった超破格のラーメンも現れた。

また、粗悪なコピー商品や品質問題で、インスタントラーメンのイメージが極端に低下していく。こうして、体力のない中小メーカーが相次いで倒産していった。このとき三六〇社もあったメーカーのうち、一〇〇社近くが倒産または倒産寸前の状況に追い込まれている。

大手とはいえ、日清食品も苦戦を強いられた。市場は飽和状態になり、会社は後発メーカーの安売り攻勢に追われ、業績は極端に落ち込んでいた。需要が特に落ち込む夏の間、社員の給料は四割カット。製造ラインはたびたび止まった。一一〇〇人いた従業員は、八〇〇人に減った。

会社は他社との激しい競争を繰り広げながら、それでも作業工程の自動化やラインの大型化・高速化など、あらゆる面での効率化を図り、生き残りに必死になっていた。だが、このままでは、いずれ行き詰まるのは目に見えていた。打開策はないのか？

逆転の新商品の模索

そのころ、工場の隅で草むしりをする若者の姿があった。新入社員の松本邦夫（当時、二三歳）。彼には仕事がなかった。松本は「こんなはずでは……」と不安を胸に押し込めながら、仕事時間を草むしりで過ごしていたのだ。

「あのとき、会社は閑古鳥が鳴いていました。本当にこの会社はもつのかな。あと何年いられるのかなと思ってました」

松本は、北海道大学水産学部で食用油の研究をしてきた。地元は就職難だった。地味な研究職の働き口はなかった。松本は、数々の入社試験を受けた末に、日清食品に昭和四〇（一九六五）年に入社した。やっと見つけた職場だったが、給料は当時花形だった繊維業界に比べると半分にも満たなかった。

松本は金もなく、製造途中で割れて商品にならないインスタントラーメンを夕食にしていた。会社の寮には割れたインスタントラーメンだけはいつもあったからだ。他の多くの若者たちと同様、独身の松本にとっては欠かせない食べ物になっていた。

このとき、社長の安藤百福は「画期的な新製品で会社を立て直さなければ」と焦っていた。当時五五歳になっていた安藤は、お湯を注いで食べるインスタントラーメンをヒットさせ、会社を興した男だった。

安藤はあの手この手を考えていた。当時、即席めんは百花繚乱。一〇個に一個当たれば大成功と

熾烈な値引き合戦が繰り広げられる即席めん業界、日清食品の業績も極端に落ち込み、人員整理も始まっていた。そのころ、工場の片隅で草むしりをしていた松本邦夫が、カップめん開発のキーパーソンとなる。

いう乱立乱売の時代だった。

アイデアマンの安藤は、昭和四二（一九六七）年に三分で食べられるインスタントライスを思いついた。だが、「ご飯ならどの家にもある」と市場では相手にされなかった。

その前の昭和三九年にも、スパゲッティタイプの即席めん〝スパゲニー〟を開発した。しかし、これも奇をてらい過ぎて短命に終わっていた。

安藤百福は、当時を振り返って言う。

「アイデアはいくらでもあった。でも、みんな成功しない。非常に危機感を感じましたよ」

モノが過剰供給になると競争が起きる。独占でやれば競争は起きない。だが、競争のないところに進歩も創造も起きない。安藤は会社建て直しのキーポイントは新しい商品の創造しかないと腹を決めた。

「たとえ成功しても、そこにあぐらをかいていたら、あっという間に追い落とされます。僕の言う危機感というのは、業績とかそういうものではなくて、成功にあぐらをかくということでした。とにかく、新しいものを開発する。創造力というのはうちの命ですから」

だが、即席めん業界の状況はさらに悪化していく。ラーメンの消費量が頭打ちになって、業界は消耗戦へと突入していった。このラーメン戦争に敗れて倒産する中小の会社が相次いだ。それでも日清食品は、大手四社のなかに食い込んで生き残ってはいた。

二　逆転の新商品開発

アメリカにはどんぶりがない

安藤は焦っていた。

「このままではじり貧になる」

昭和四一（一九六六）年、安藤は突然アメリカと欧州に飛んだ。アメリカなら競争相手がいない。「ここなら思う存分、インスタントラーメンを売りまくることができる」と考えたのだ。

安藤はアメリカでスーパーのオーナーを集めて、ラーメンを売り込んだ。そのとき、アメリカ人が言った。

「どうやって食べるのですか？」

言われてみて、安藤は「あっ」と思った。何と、アメリカにはどんぶりがなかった。あるのは浅いスープ皿。これではラーメンが半分しかスープに浸からない。

安藤は、当時を振り返る。

「生活習慣とは恐ろしいものです。まさか、アメリカにどんぶりの代わりになる器がなかったなんて思いもしなかった。わたしは考え方が間違っていましたよ」

一方で安藤は、アメリカ人の不思議な習慣を目撃している。どんぶりという器を持たないアメリカ人が、チキンラーメンを不思議な方法で食べた。紙コップにチキンラーメンを砕いて入れて、そこにお湯をかけてフォークで食べはじめたのだ。

アメリカ人は、紙コップをいろいろなものの容器として使っていた。自動販売機に備え付けの紙コップにコーヒーを注ぎ、飲み干すと、くしゃくしゃに丸めてくずかごに放り込んでいた。紙コップに固形スープを入れてお湯を注いで飲んでいる光景も目撃した。熱いもの、冷えたもの、みんな紙コップに入れて、食べたり飲んだりしていた。

インスタントラーメンのことばかり考えていた安藤は、紙コップという容器の持つ多様性に衝撃を受けた。

また、安藤は帰りの飛行機のなかでも新しいヒントを得ている。トレイに乗った機内食のなかに、見慣れないものを見つけたのだ。それはマカデミアナッツを入れた小さなアルミ容器で、紙とアルミ箔を張り合わせたふたで密閉されていた。いまでは、ジャムやマーマレードの一回使用分が詰められているあの容器である。

これを見て、安藤は即席めんの容器を密閉する方法がひらめいた。安藤はその容器をそっとポケットに入れた。安藤の妻・仁子《まさこ》は、そのとき安藤が持ち帰ったアルミ容器をいまでも大切に保存している。安藤はこの容器のことを手記にこう記している。

《取り出してみると、ラベルはすでに茶色に変色しかかっている。あのときの興奮がよみがえってくる。この記念品は、何ものにも替えがたい宝物のように思えた》

こうして、容器入りのインスタントラーメンの発想は、いよいよ現実味を帯びていくのである。

安藤は言う。

「紙コップをラーメンの容器に使えれば、日本ばかりではなく世界のどこにでも普及しそうだと、そのとき確信しました。これを工夫すれば、新しい食品ができる。世界の人たちと共通の価値観を持つ食品ができると思いましたね」

こうして昭和四一年、幻のカップめんの開発プロジェクトがスタートした。どんぶり型の〝カップチキン〟である。だが、器の成型がどうしてもできない。熱湯をかけると変形した。カップめんはやむなく断念せざるを得なかった。

〝カップチキン〟の器を研究したのは、法西皓一郎（現・即席食品工業協会事務局長）。法西は昭和三七（一九六二）年、日清食品の大卒二人目として入社している。大学では応用微生物学を専攻していた。

法西は、米国・欧州を訪問してきた安藤から容器入りのめんの開発を命じられた。この開発のカギとなるのは容器である。安藤は、法西に大まかなアイデアを告げた。

「袋入りのインスタントラーメンに代わる、国際的に通用する（国際性のある）新しい感覚のラーメンを開発せよ」

開発を依頼された法西は、国際性といってもピンとこない。なにしろ、当時は海外旅行など庶民にとっては夢の話だった。ラーメンの容器といえば、どうしてもどんぶり型を考えてしまう。それが日本人の発想というものだった。

法西は様々な素材を用い、どんぶりの開発を進めた。しかし、どうしてもどんぶりの肉厚を均等にすることができない。場所によって厚い部分と薄い部分ができてしまうのだ。

「どんぶりにお湯を入れると、薄い部分がぐにゃっと曲がって、そこからお湯がこぼれてしまうんです。これでは持ちながら食べることができません」

まだまだ、発想に製造技術が追いつかなかった。この状態に安藤は、いったん〝カップチキン〟の開発の打ち切りを決断する。法西は当時の失敗を、こう分析している。

「まず、どんぶり型の容器という発想が、いかにも日本的でした。とても国際性があるとはいえませんでした。もし、それを強行して販売しても、成功はしなかったと思います」

カップに入れるめんの開発

日清食品は、不振から立ち直れないでいた。松本邦夫は、相変わらず残り物のラーメンばかり食べつづけていた。家庭の味に飢えていた。

昭和四五（一九七〇）年六月。松本は同じ職場の萩原トシ子との結婚を決めた。二人の新居は家賃一万円の六畳二間のアパートだった。「二人ならやっていける。きっといいことがある」と話し合って、新生活をスタートさせたのだ。

結婚一か月後の七月、松本は突然社長の安藤に呼び出された。駆けつけた社長室には七人の若手社員が集められていた。

いぶかる若者たちに、安藤はあるものを差し出した。紙コップである。安藤はめんを割ると、そのコップに入れた。

「こんなものができないか？」

安藤は若者たちに問いかけた。安藤は、四年前に失敗したあのアイデアを諦めてはいなかった。

「最初から容器に入ったラーメンをつくれば、どんぶりの心配はなくなる。これなら、どこでも簡単にラーメンが食べられる。必ずヒットする」

松本は違うことを考えていた。

「これが当たれば、給料が上がる。うまいものが食える」

安藤の決断は早い。社内にカップめん開発のプロジェクトが立ち上がった。めんを開発するチーム。容器のカップをつくるチーム。そして、めんに入れる具材を開発するチーム。さらに、完成の暁のために強力な営業部隊が控えた。

めんの開発チームは四人のメンバーが担当した。そのなかの一人に松本は加わった。めん開発には条件が与えられていた。カップの容量は三〇〇cc。どんぶり一杯分の大きさだ。カップめんは調理時間がかかっては売れない。めんは三分間で食べられるようにするというのも条件の一つだった。松本は、カップの形に合わせた金型をつくり、めんを入れた。そうして、めんがカップに入る形に揚げる。当時のインスタントラーメンは、めんを油で揚げ、水分を飛ばして乾燥させてつくるのである。

数分後、松本はめんを取り出して驚いた。めんの外側は揚がっていたが、なかを開けると、生のままだった。松本は温度を上げてやり直した。今度は外側が焦げた。

「これはできないなと思いました。そういうめんをつくること自体が無理だろうなと思いました」

松本は思った。これは大変な開発になる。一杯のカップめんをめぐる手探りの闘いが始まった。

カップめんなのに、最適なカップがない

カップめんの開発が始まった昭和四五（一九七〇）年、従業員は効率化によりさらに減って、三分の一の四五〇人になっていた。

松本は、なおもあがきつづけていた。ついにめんがうまく揚がらない原因を突き止めた。めんの厚みである。これまでの袋入りのラーメンは、厚さが二センチで均一である。しかし、カップに入れるめんは、厚さが六センチにもなる。これがネックになっていた。

松本は、油の種類を変え、温度を変え、何度も何度もめんを揚げつづけた。そのつど、試食をした。

松本に突きつけられた課題は多い。厚いめんをいかに揚げるかという問題と同時に、どんな形にしたら、お湯を入れたときに、めん全体が茹でたてのラーメンのように均一に戻るかという難問もあった。

松本はカップを開けたときに、できるだけ見た目のかっこいいめんの形をつくろうと奮闘した。カップに収まっためんの上も下もきれいに平坦にしようとしたのだ。全体がよく揚がるようにドーナツ型のめんも考えた。だが、全部失敗してしまった。

さて、たとえ苦戦していても、めんや具材の開発は時間がかかっても自力で解決できる問題である。しかし、肝心の容器であるカップについては、専門メーカーの開発能力に頼るしかなかった。

じつは安藤にとっては、カップめんに最適なカップを見つけるのにかすかな不安があった。カップに要求するハードルが高すぎる。カップめんに使うカップは、簡単には壊れない堅固な包装材料と容器になり、食器にもなり、調理なべにもなる。しかも熱湯を注いでも耐えて、軽くて手に持って熱くないなどの断熱効果がなければならない。

こんな要求を満たすカップは、その当時どこにも存在しなかった。安藤が最初に考えた、アメリカで見たような紙コップでは、耐久性がないうえに熱くて持てない。

安藤が打診したのは、東罐興業だった。紙とプラスチックを素材とした包装容器の総合メーカーである。製品の性質上、その九割以上が受注生産販売の会社である。顧客のニーズを探り出し、それに合わせて製品を開発提案する会社である。

昭和四五年夏、東罐興業大阪コップ営業所に、日清食品からある引き合いがあった。しかし、担当者が何度打ち合わせに行っても、日清食品の要求が理解できなかった。困惑した大阪営業所の所長は、本社で対応してほしいと要請した。

そこで登場したのが、本社営業部の開発担当の営業課長・平川菊哉だった。平川はさっそく日清食品本社を訪ねて安藤と対面した。そのとき平川は、会社にあるすべてのコップを持ち込んで説明をした。

安藤はすべてのコップを確認したが、自分の希望するコップはないという。そして、ほかにないのかと言った。平川は答えた。

「当社は、日本一のコップのメーカーです。当社にないということは、日本にはないということです」

そして平川は、カップの使用目的を明らかにしてくれなければ、アイデアの提案のしようがないと安藤に強調したのである。安藤は、今回の商談については超極秘計画なので、秘密保持のための契約書を書いてくれと平川に迫った。その意見に平川はこう答えた。

「東洋製罐グループは秘密保持こそ企業の生命線です。得意先の秘密を堅く守ってこられたからこそ、今日の信用を積み上げてこられたのです。社長の計画と使用目的をどうか教えてください」

そこまで言われて、安藤はカップの使用目的を話した。

「ラーメンをカップに入れて熱湯を注ぎ、三分間で食べられる食品をつくる。欲しいのは五〇〇㏄くらいの大きさで、片手で持てる縦型のカップ。熱湯を注いでも耐え、しかも断熱性の高いカップだ」

そう打ち明けられたが、紙コップでその要求を満たすものは日本にはなかった。しかし、東罐興業は、いろいろな用途、目的のために様々な素材を使ったコップを研究開発してきた。そのなかにはきっと安藤の目的にぴったりのコップがあるかもしれない。さっそく本社に帰って検討のうえ、返事をしたいと平川は言った。

安藤は、このとき次のように言ったと、証言する。

「魚市場にある魚のトロ箱。あの断熱性はいいな」

平川は東京本社に戻ると、社長以下、担当研究部などと協議を重ねた。すると、ある工場でPSPという断熱性の高い素材を開発中であるとの情報が入ってきた。

PSPは厚紙状のシートで、ポリスチレン・ペーパーのことである。通称は、略してPSP。素材は発泡スチロールである。期せずして、安藤が口にした魚のトロ箱の素材そのものだった。

当時のPSPは、厚みを三ミリ以下にはできなかった。厚みにバラツキも多かった。印刷面のなめらかさもない。

しかし、平川は安藤と何度も交渉を重ね、開発結果をつき合わせて、とうとう理想的なPSPカップを完成させる。そして、カップめんのためのカップ製造の工場も用意して、生産態勢は整った。

ラーメン嫌いの、具の開発者

このころ、大阪では万国博覧会が開かれていた。この万博に仕事をサボり、いろいろなパビリオンに入り浸っている男がいた。男はやりたい仕事に就けずに、万博のパビリオンで昼間から洋酒を飲んでいた。

カップめんのプロジェクトメンバーの一人・大野一夫（当時、三二歳）だった。大野はカップめんの開発には門外漢だった。

大野は、高校を卒業して調味料会社に入り、食品化学の研究をした経歴を持っていた。しかし、この会社の社員は自分以上の学歴ばかりで嫌気がさし、大野は大学に進み直して生物化学を学んだ。日清食品が医薬品の開発に乗り出すと聞いて、彼は入社を決意したのだった。会社の面接では「ラーメンの仕事だけをするつもりはない」と言い放った男だった。

大野がカップめんのプロジェクトに加わったとき、容器の研究を任されていた。それが一段落し、お役ご免を決め込んでいた大野を、ある日、社長の安藤が呼んだ。

「名案がある。新商品に具を入れたい。ラーメンには具がつきものだ。開発を頼むぞ」

言われた大野はしらけた。

「ラーメンの具の開発か。薬に比べたら子どもだましだ」

じつは具の開発は、ほかのカップ、めん、スープの開発よりは遅れて始まっている。遅れたというよりも、これらの開発のめどがたって、初めて「具を入れてみよう」という順序になったのだ。後手に回っていたである。それまでの即席ラーメンにもスープのなかに熱風乾燥したネギくらいは入っていたが、ラーメンの具が入っているというものはなかった。まったく新しい開発であることは、ほかの開発といっしょである。しかし、それでも大野は気乗りしなかった。

「これは医薬品を開発しようという男の仕事ではない。とんだことになったと思いました」

自分は微生物の研究で医薬品の開発をやりたいと思っていた。それがラーメンの具の開発という

カップめん開発のプロジェクトで、具の開発を任された大野一夫。最初は乗り気ではなかった。しかし、のちにフリーズドライによる具の開発によって、カップめん誕生に大きく貢献する。

まったく見当違いなテーマを与えられている。大野は「これはできない」と様々な問題点を安藤に言った。それはサラリーマンがよくやる逃げの手であった。そのとき、安藤は大野に言った。

「それをやるために君に来てもらったんだ。それが君の仕事だ」

安藤のひと言に、大野は覚悟を決めた。

「こう言われちゃ、もう逃げられません。みなさんがたいへん苦労しているときに、わたしはのんびりと遊ばせてもらって、給料をいただいていたわけですから。その期間も三、四年にもなってました」

大野はプライドが高い男である。俺がやれば簡単にラーメンの具などできると思った。三分で食べるラーメンなら、三分で元に戻る乾燥食品を探せばいい。簡単なことだと。

そう考えた大野は、乾燥食品を片っ端から手に入れて試してみた。切り干し大根、しいたけ、昆布……。街の店頭にあるありとあらゆる乾燥食品を手当たり次第に当たっていった。

だが、天日干しや熱風乾燥の食品は、お湯をかけても三分では戻らない。この事実に、大野の負けず嫌いが頭をもたげた。よし、そういうことなら、トコトンやってやろうじゃないか。万博で酒ばかり飲んでいた男が、本気になった。

「めん職人に徹せよ」

一方松本邦夫は、めんを揚げては試食を繰り返す毎日を続けていた。試食は一日に二〇回。チェック項目はいくつかある。めんは三分で戻るのか。めんの食感がつるつるしているか。スープの味もしっかりしているか。松本は必死に食べながらチェックを繰り返した。

そのうち、ラーメン以外の食べ物がのどを通らなくなっていた。体重は六〇キロから四八キロに落ち込んでいた。

松本は、家に帰るころにはげんなりとしていた。新妻のトシ子は会社を辞め、毎日手料理をつくって松本の帰りを待っていた。しかし、愛妻の手料理には箸もつけず、松本は布団に倒れ込んでしまった。

「最初は小食なのかしらと思いました。仕事がつらいんだなと思ってました」

事実、松本は当時食が細くなっていた。北海道出身で暑い大阪に出て来て、食欲がないうえに、毎日熱い揚げ油にまみれて汗だくになっていた。水か冷たいものしかのどを通らない。

トシ子は、結婚する前は会社の生産課で事務をしていた。松本の研究室にはときどき顔を出していた。そこでは、松本が一人で黙々とめんを揚げていた。

「いま考えれば、あぁ頑張ってるなっていう感じで、姿を見ては自分の職場に戻っていきました。声もかけずに」

松本はトシ子がときどき見に来ていることを知らなかった。

トシ子は、夫が心配だった。まだ、めんを揚げつづけているのだろうか。ある日、トシ子は元の職場に夫の様子を見に行った。開発室に足を踏み入れて驚いた。夫が汗を流してひたすらラーメンを食べているではないか。トシ子はしばらく声をかけられなかった。そうか、そんな大変な開発をずっと続けていたのか。トシ子は夫の苦労がようやくわかった。

それ以来、トシ子の手料理がすっかり変わった。夫が少しでも食べられるように、すべての料理を小皿に分けて出したのだ。少しずつ食べられるようにという、トシ子のアイデアだった。

めん開発の主任だったのは、石橋貞明。研究所での松本の先輩である。石橋は鳥取県出身で、五人兄弟。子どものころからめんが大好きだった。石橋は入社時から研究所に入った。カップめんのめんの開発を命令されたとき、石橋は緊張した。この開発に会社の社運が賭かっていることはよくわかっていた。

石橋貞明は振り返る。

「ですから、開発グループの全員を集めて、できることはすべてやろうと話し合い、一致団結を誓ったんです。必死ですよ。社長の熱意をひしひしと感じましたから」

石橋たちは、毎日めんを揚げては試食を繰り返した。そのめんは毎朝社長室にも届けられた。そして、どんなつくり方をしたかを安藤に説明する。安藤は、そのめんをすべて試食して、具体的な指示を次々に出していった。石橋たちにOKを出したことは一度もない。限りなく高いレベルを求められた。

「職人に徹せよ」

これが、安藤が石橋に求めていたことだった。職人芸を見せろ。石橋は毎朝どきどきしながら社長室に向かった。そして帰るときには、たくさんの課題を抱えて部屋をあとにする。安藤は、石橋に様々な注文を付け加えたあと、必ずこう言った。

「そりゃ、君しかできんだろう」

こう言われると、ぐっとくる。やっぱり自分がやらないといかん。当時三〇歳を過ぎたばかりの石橋は、およそ倍の年齢の安藤にこう言われて突っ走ったのである。

本気になった具の開発

大野は必死で具の乾燥方法を調べていた。このとき、大野は大学時代のある研究を思い出していた。あのフリーズドライ。抗生物質をつくるのに使われていた技術だった。ものを凍らせ、真空状態にして乾かすと、水ですぐ元に戻る。この方法を具に使えないか。

大野は昔の実験を思い出し、ビーカーと真空装置で手製の乾燥機をつくった。一回の乾燥にかかる時間は二〇時間。まずは野菜から着手した。

にんじんは乾燥すると色が白くなり、見た目が悪くなった。ほうれん草はバラバラになり、崩れた。ピーマン、今度は色も形もうまくいった。大野は喜んだ。

「見た目がきれいなものをつくりたいなと思いました。これは感性的なものですけどね。カップめんのふたを開けたときに、きれいじゃなきゃイメージとして面白くないですからね」

大野は自信満々でピーマンをメンバーに見せた。しかし、そのなかの一人が言った。

「ピーマンは好き嫌いが多い」

話し合いの結果、ピーマンはボツになった。

この作業を見ていた安藤が言った。

「日本人がみんな喜ぶ具がある。卵焼きとエビだ。エビはめでたい」

大野は驚いた。エビは海産物である。あの色や風味を保てるのだろうか。大野はさっそく身近なエビで実験を始めた。このころの大野は、「俺がラーメンの具をつくるのか」と斜に構えていた当初とまったく違う。研究者の目を持ってギラギラと燃えていた。

ラーメンの具として使うエビには条件があった。まず赤いこと。これは見た目のイメージに大きく影響する。そして形がクルンと丸まっていること。これは誰もがイメージするエビの形だ。そして形は崩れてはいけない。

北陸の甘エビ。乾燥するとボロボロになった。東南アジア産のエビ。黒ずんで食欲をそそらない。しかし、大野はこんなことではへこたれない。

「絶対に見つけてやる」

大野のエビ探しが本格化した。

三　どん底から生まれた魔法のラーメン

めんのヒントになった天ぷら

そのころ、松本は相変わらずめんの開発に行き詰まっていた。ある日、仕事場に社長の安藤が現れた。苦悩する松本に向かって安藤が言った。

「わたしも昔は無一文だった。女房と二人でラーメンづくりに打ち込んだんだ。日本一のラーメン屋になると意気込んでた。この手でいろんな料理を覚えたんだ」

安藤の妻・仁子は、「俺はラーメン屋になる」と言われた当時、「お父さんがラーメン屋さんになるの？」と問い返したという。

「そのときは、屋台のラーメン屋さんになるのかと思いました。子どもたちの将来のためにも、屋台のラーメン屋さんはどうかしらと言ったら、『俺は日本一のラーメン屋になるよ』と言ってくれ

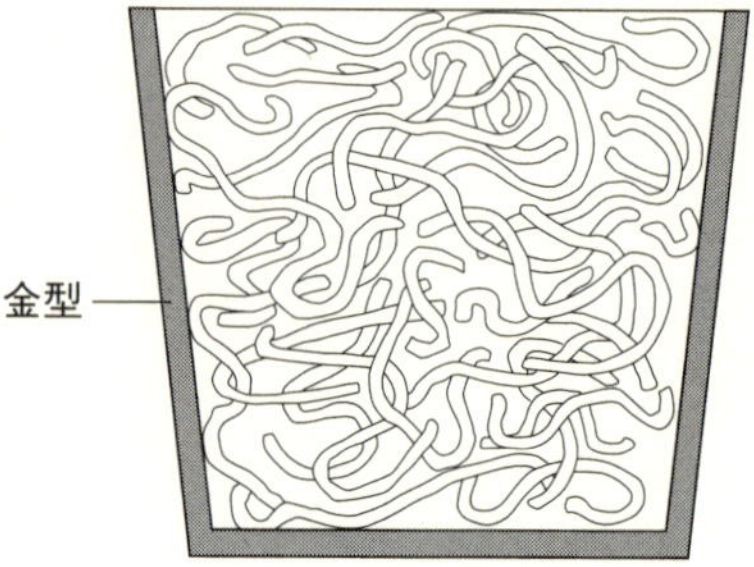

隙間ができる分量のめんを金型に入れ，ふたをして揚げる。

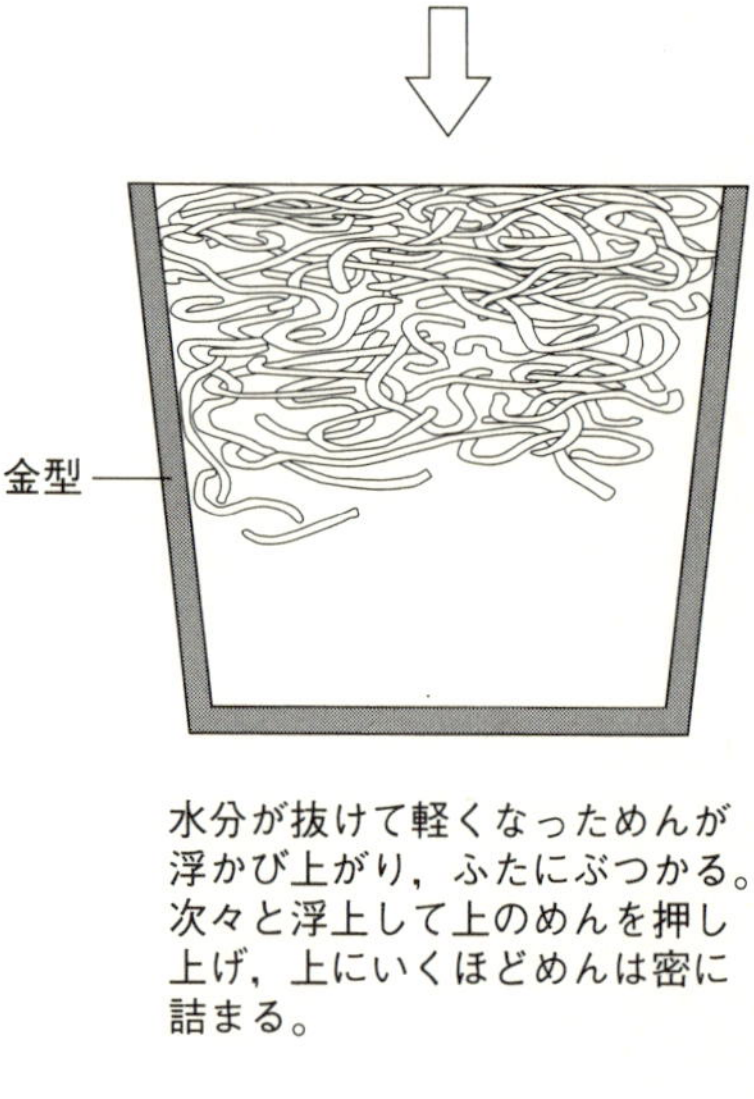

水分が抜けて軽くなっためんが浮かび上がり，ふたにぶつかる。次々と浮上して上のめんを押し上げ，上にいくほどめんは密に詰まる。

ました。たしかにそのとおりになりました」

仁子は、当時を振り返る。

安藤は松本にさらに言った。

「揚げものには原理がある。うまい天ぷらは、最初は油のなかに沈み、やがて浮き上がると、食べごろになる。この浮く力を利用できないか」

安藤はこうも言った。

「なぜ君は、めんをカップの底にきちっと納めようとするんだ。めんの底は平らではなくてもいいだろう」

これを聞いて、松本はちょっと心外だった。きれいにカップに納めるために、めんの上と下を平らにしようと悪戦苦闘してきたのだ。それにこだわってきたのだ。

しかし、改めて言われてみると、たしかにそのとおりだ。めんの底は上からは見えない。平らでなくてもいい。

安藤の言葉に、松本ははっと気づいた。金型にぎっしり詰めていためんの量を一割減らし、めんの間に隙間をつくった。揚がっためんが金型のなかで浮き上がるスペースをつくったのだ。

松本は、このめんを油に入れた。隙間の空いためんは水分を含んでいて、その重さでいったん沈み、やがて揚がると、水分が抜けて軽くなって上に浮かんできた。この動きで熱が均等にめんに伝わった。開けてみると、見事に中心まで揚がっていた。

松本は小さな穴がたくさん空いた鉄製の金型に、めんの間に隙間ができる分量だけのめんを入れ、上からふたをして揚げていった。揚げ上がっためんは、次々に浮かんでいって、ふたにぶつかった。揚がっためんは、次々と浮上して上のめんを押し上げるので、上にいくほどめんは密に詰まる。その反対で下のめんはまばらになった。

この状態がめんをお湯で戻すときに理想的な形になった。そのうえ、めんの上はふたに押しつけられて、表面が平らになった。そのために、いっしょに入れる具や薬味を乗せやすくなったのだ。

松本はこれでカップに入れるめんの難問の多くが解決したと思った。しかし、もう一つ問題が残されていた。

カップより少し小さめの同じ形をしためんをストンと入れると、運搬中の衝撃でめんが痛んでしまうのだ。カップをガサガサ揺すると、めんが崩れる。しかも、上にのせた具もこなごなに砕けて、めんと混じってしまった。そして、お湯をかけるとくずれためんは底にべったりとくっついて均一に戻らない。

同じ問題を安藤も考えていた。そして、「めんを底につけるとダメなら、カップのなかほどに浮かしてみようじゃないか」と思い至った。ものを浮かせて包むという方法は、それまでどこにもなかった。だが、実験してみると、この発想はカップめんをつくるうえで、画期的なアイデアであることがわかってきた。

安藤は言う。

「まず、めんが宙に浮いているので、めんが補強材の役割を果たしたのです。そのために運搬中に衝撃が加わっても、めんもカップも壊れることがなくなりました。

そして、上が密、下がまばらなめんがカップの中間に宙づりにされているので、ここにお湯を注ぐと、お湯が均一に行き渡ってムラができない。底にへばりつくこともなくなりました。

さらに、めんの上にも空間ができるので、ここに加薬や具を体裁よく盛ることができました。ふたを開けたときに、具がぱっと目に入りおいしそうに見えるんです」

めんを浮かせてカップ内に宙づりにするという工夫が、カップめんの将来を左右するほどの大発見だったのである。

苦戦するセールス部隊

昭和四六（一九七一）年二月。開発が始まって八か月が過ぎた。大野はエビ以外の卵・肉・ねぎの具をつくり上げていた。試作品をつくり、お湯をかけると見事に三分で戻った。

会社の営業部隊はさっそく試作品を手に売り込みに向かった。テストセールである。まずは、問屋を訪ねた。

「新製品です。扱ってもらえませんか」

なかを見るなり、問屋は言った。

「こりゃ、ほんまに食べもんかいな」

日本を代表する商社にも持ち込んだ。担当者が言った。

「日本のどの家にもどんぶりがある。逆立ちしても売れない」

営業部隊の一人・佐々木雅紘はショックを受けた。佐々木は、昭和四五（一九七〇）年に入社し、大野の部下で最初は容器の開発をしていた。その後、昭和四六年二月からテストセールスに参加した。

佐々木はスキー場にカップめんを持って行って、スキー客に勧めた。

「でも、ほとんど相手にしてくれません。ほんとに売れるんだろうかって不安のほうが膨らんでいきました」

佐々木は思い知った。食べ物というものは保守的なもので、それが初めての食べ物はなかなか口にしてくれない。カップめんを食べなくても、ほかに食べるものはいくらでもある。

俺たちは売れないものを一生懸命に開発していたのか。社内の若者たちに動揺が広がっていった。

やっと見つかった具のエビ

昭和四六年五月。会社では一〇〇人の社員が試作品を食べた。市場に受け入れられるのかどうか、

試作品を持って販路開発のため街に飛び出した営業部隊の佐々木雅紘。スキー場にカップめんを持って行って、スキー客に勧めた。

アンケートをとるためだった。

「誰も好んで買う人はいない」

「一個一〇〇円は高い」

一〇〇人中一〇〇人が反対だった。

しかし、安藤は「エビさえあれば、売れるんだ」と確信していた。

「日本人はエビは高いものだというイメージがあります。エビさえ入れることができれば、高級な食べ物という評価が得られる。それなら一〇〇円でも売れる」

「エビ担当」の大野はいよいよ追い詰められた。研究所でエビの実験に明け暮れた。この時点で大野は、世界のエビの種類が二五〇〇種もあることを知っていた。しかし、フリーズドライで理想の色と食感が出るエビは一つも見つかっていない。

そんな大野のもとに、エビを使った、変わった料理があるという話が飛び込んできた。向かったのは大阪市内のホテルのレストラン。そこで出てきたのが、シュリンプカクテル。アメリカで人気のオードブルだった。

見たこともないむきエビ。それはインド洋で獲れるプーバランという種類のエビだった。現地では高級エビで、しかも大量に獲れているのだという。

大野はさっそくプーバランを取り寄せ、乾燥機にかけた。機械の前で二〇時間待ちつづける。乾燥機から出てきたエビは、鮮やかな朱色を放っていた。プーバランこそ、大野が求めてやまなかったエビだったのだ。

一方、高槻の工場では、一日一万食の生産態勢に入ろうとしていた。しかし、ここでもまた問題が起きた。いままでのラインでは火力が六〇〇万キロカロリーもたりない。このままではまた生揚げになる。

そのとき、一人の男がプロパンガスをラインに持ち込んだ。柴崎俊明。当時三一歳で、工場の副長をしていた。昭和三五（一九六〇）年入社で〝チキンラーメン〟をつくっていた。柴崎は食えない時代に食べたその即席めんの味を決して忘れない、ライン一筋の男だった。

柴崎俊明は、10本のプロパンガスのボンベをバーナーにつないで、1日1万食の生産態勢に対応できるラインをつくり上げた。まさに男の意地だった。

柴崎は何と一〇本のプロパンガスのボンベをバーナーに繋いだ。男の意地でつくり上げた装置だった。前代未聞の一発点火。鍋はたちまち、たぎった。

「いつ爆発するかわかりませんでした。火が入ったらおしまいですから。それを一つのボンベではたりないからと、一〇本もつないでガンガン炊くんですからね。正直怖かったですよ」

柴崎は、「自分の仕事はめんをつくってなんぼ」と思っている。会社でこれだけの量のめんが必要となれば、無理に無理を重ねても何とかつくる。そういう気概があった。

柴崎が、当時を振り返る。

「ぼくの性格がそうなんですが、行くところまで行って、それでダメだったらしゃぁないやんかと思ってます。あのときには、機械にも男たちにも無理をさせました。その時分は若かったさかいに、みんな必死にやりました。朝の五時から夜の一二時まで働きつづけるなんてザラでしたから」

こうして、見事に揚がっためんがラインを流れ出した。

一方、具を担当した大野は、とてつもなく大量のフリーズドライの具を、どうやってつくればいいのか、頭を抱えていた。冷凍のエビを一日数トンもフリーズドライにする。卵も一日一〇トンはつくらなければならない。

社長の安藤は製造ラインの能力がたらなければ、新しい冷凍乾燥の工場をつくるんだという。

大野は、当時の問題をこう語る。

「工場はお金をかければある程度できますが、卵焼きを一日一〇トン、エビを一日に五トンボイルするとなってきますと、どうしていいかわからないんですよ」

大野は冷凍乾燥の機械をつくっている広島の会社を訪ねた。そして、能力の大きな機械を供給するように頼んでも、誰もまともに聞いてくれない。

カップめんのことは企業秘密だったので、詳しいことを説明できない。大野は抽象的に大きなことを言うので、相手からはますます胡散臭そうに見られた。

その名は〝カップヌードル〟

昭和四六（一九七一）年九月。ついに世界初のカップめんが市場に投入された。カップめんの正式販売が始まったのだ。カップめんは、〝カップヌードル〟と命名された。会社の命運が、この〝カップヌードル〟に賭かった。

だが、問屋は相変わらず受け入れてくれない。そんななか、一人の男に販売ルートの開拓が託された。会社きっての営業マン・秋山晃久、当時二九歳。秋山は、東京の支店で営業をしていた。この年の四月、秋山は支店長に呼ばれて、こう言われた。

「四月から、おまえは新規商品課に異動だ」

新規商品課って何をやるのかと聞いても、支店長もあまりわかっていなかった。「大阪の販売課の西原君と二人でやれ」というだけだった。

その西原重夫が東京に出てきて、秋山に言った。

「おい、秋山君。新規商品課で〝カップヌードル〟をやるから、いっしょにやろう」

こうして、秋山は会社の命運を担う新商品の〝カップヌードル〟のセールスに四月から奔走することになった。

秋山は、本社の研究所へ行って初めて実物を目にした。

「ぱっとつくって、すぐに食べてみたら、これは簡便性がある食品だなと思いました。でも、売れるか売れないかはわからない。一個いくらで売るのかと聞いたら、一〇〇円で売ると聞いて、これじゃ高すぎると思いました」

ついに世界初のカップめんが市場に投入された。名前は、"カップヌードル"。販売ルートの開拓が、秋山晃久に託された。会社の命運を担う新商品のセールスに奔走することになる。

秋山は、新規開拓には飛び込みセールスしかないと腹をくくった。売り込む相手は、レジャー関係、交通関係、官庁関係、デパートという特販ルートだった。既存の、食品問屋やスーパーなどではほとんど売れない。

「要するに度胸一つです。やってやろうということですね」

西原と秋山はカップめんを抱え、お湯を入れた水筒をぶら下げ、街に出た。まずは競馬場を訪ねた。しかし、「興奮した客が熱湯でやけどする」と、門前払いを食った。

次にプロ野球の球場を回った。セ・リーグは断られた。唯一許可をくれたのは、ロッテの本拠地・東京球場だった。まばらな客席を、秋山はネット裏から外野席まで売り歩いた。ふと気がつくと、ラーメンはのびきっていた。

秋山たちは、案の定やはり売り込みルート開拓に苦心した。たとえば機動隊に売り込もうにも、どこへ行ったらいいかわからない。そこで、〝カップヌードル〟を一ケースとお湯の入った水筒を持って桜田門の警視庁玄関を堂々と入った。

とたんに守衛に呼び止められたが、そこでも、〝カップヌードル〟の説明をして、売り込み先を聞いた。こうして機動隊に食い込んでいった。

ホテルにも売り込んだ。特に連れ込みホテルや旅館は需要があるだろうと、若い社員を連れて売り込んだ。そうしたら、ホテルに物品を納める専門の業者がいることがわかった。その業者に頼みに行くと、連れ込みホテルは客の回転率がよくて、〝カップヌードル〟も一度にたくさん扱ってもらえることになった。

だが、すべてが順調に進むはずがない。売り込み先にあてがなくなり、夜になって、秋山は途方にくれた。見上げると、ビルには明かりが灯っていた。

「あぁ、そうだ。都会では夜働く人たちがたくさんいる。彼らに売り込もう」

秋山が、まず飛び込んだのは消防署だった。そこには二四時間体制で働く屈強な男たちがいた。その男たちの前で秋山はカップめんをつくった。一口食べた消防士が言った。

「うまい」

秋山は、当時を振り返って言う。

「本当に食べられるのかという人もいました。で、その人たちの前でつくってみせるんです。すると、ほとんどの人たちが『こんなうまいものはない』と言うんです」

カップめんは、夜勤や緊急出動に向かう消防士たちに受け入れられた。彼らに続いて受け入れる人たちがいた。工事現場の作業員。夜勤の看護婦。長距離トラックの運転手……。

眠らない街、不夜城・東京。そこには夜を徹して働く人たちがたくさんいた。秋山はそうした人たちを訪ね歩いて、カップめんを売り込んでいったのだ。

カップめんは、夜間でも忙しく働く人たちの食事の時間を節約する道具になった。カップめんは時間を売る商品でもあった。

昭和46年11月21日、“カップヌードル”のテストセールの日がやって来た。決戦の舞台は、東京・銀座。1日で2万食売り切ろうという、空前の街頭販売作戦だった。わずか4時間で売り切れた。

決戦の舞台は、銀座の歩行者天国

プロジェクトは、手応えを感じていた。そして、社長の安藤は言い放った。

「勝負に出る」

決戦の舞台となったのは、東京・銀座。昭和四六（一九七一）年、この年、マクドナルドも銀座に進出していた。秋山を先頭に一日で二万食を売り切るという、空前の街頭販売作戦が始まった。

一一月二一日日曜日。銀座の歩行者天国は人の波であふれていた。決戦の日である。秋山が声を張り上げた。

「画期的な食べ物ができました」

人々は何事かと足を止めた。しかし、やはり食べ物には保守的だった。新しいものに、人々はすぐには飛びつかなかった。それでも、秋山は声を張り上げつづけた。

大阪では、開発メンバーたちが銀座での結果を辛抱強く待ちつづけていた。松本は、仕事が手につかなかった。

午後三時を回った。大野は静かにタバコをふかしていた。

道端でめんをすする者が現れた。歩きながら食べる若者もいた。やがて人々が列をつくった。二万食がわずか四時間で売り切れた。

会社は沸き立った。松本邦夫は同僚の歓声のなかで、つらかった試食の思い出が頭をよぎった。しかし、それもあっという間に吹き飛んでしまった。

「爆発的に売れ出した。動き出した。営業がたりない。もっとつくれ。そんないろんな話が社内で飛び交っていたときでした。やったなと思いました……」

松本は、歓喜の涙で声にならなかった。

一匹狼、仲間とは決して群れない大野一夫が、その仲間たちに言った。

「祝杯をあげに行こう」

名物社長と若者たちの執念の開発が、どん底からの一発逆転を成し遂げた。

年間八二億食、世界の食を支える

東京・銀座の歩行者天国で、空前の売り上げを果たしたその翌年の昭和四七（一九七二）年の冬。

全国を震撼させた大事件が起きた。

この年の二月一九日、武装した連合赤軍が長野県軽井沢町の河合楽器保養所「あさま山荘」に侵入。メンバーは管理人の妻を人質に取って立てこもった。いわゆる「あさま山荘事件」である。

この事件の様子は各テレビ局が長時間実況中継をして、多くの国民がテレビの前に釘づけにされた。人質の救出作戦の模様は事件解決までの二月二八日まで一〇日間にわたり、各テレビ局が競って中継。二月二八日に行われたNHKの九時間連続の中継では、累積視聴率が九八パーセントという驚異的な数字を叩き出している。

その中継に奇妙な光景が映し出された。厳冬の雪の積もる戸外で、山荘を包囲している警察官た

カップめんが誕生して30年がたった。いまでは世界中の人々に愛され、年間消費量何と82億食。どん底から生まれた「魔法のラーメン」が、地球の食を支えつづけている。

ちが、白い息を吐きながら何かを食べている。それは湯気の立った〝カップヌードル〟だった。発売されてから一年。まだ、それほど知られていなかった〝カップヌードル〟が、一躍全国区になったのだ。現場は零下一五度の寒さ。機動隊員たちに配られた食事が凍ることもあった。これでは食べても温まらない。そこに、「魔法のラーメン」温かい〝カップヌードル〟が登場したのだ。

カップめんの誕生から三〇年がたった。現在、カップめんを生産する会社は国内で四四社。インスタントラーメンの年間の売り上げは五〇〇〇億円の一大食品産業に成長している。

具の開発を担当した大野一夫は二年後に会社を辞めた。カップめんで取り組んだフリーズドライの仕事に懸けるためだった。大野はその後、日本で初めて離乳食をフリーズドライでつくった。おかゆやスープ、三〇種類が子育ての役に立っている。

近年、大野は中国の依頼を受けて、フリーズドライの現地工場を立ち上げた。月の半分は中国で自分の技術を教えている。大野はフリーズドライの第一人者となった。

「あのとき、フリーズドライというテーマを与えられたということは、いまでは感謝しています。あの仕事がなかったら、どっちかといえば、のんびり好きなことをやっとるという形で終わったかもしれません」

平成三（一九九一）年、ソビエト連邦が崩壊した。経済が混乱して、食料が行き渡らなくなった。日本政府が援助物資として選んだのは、一三六万食のカップめんだった。カップめんはロシアの冬の寒さから人々を救った。

その後、インドネシアのチモール紛争では二五〇万食。台湾大地震では五万食。カップめんは国内外を問わず、災害時の貴重な食料になった。

めんと格闘した松本邦夫。彼は図らずも自分たちが手がけた食品の重みをずしりと感じている。ラーメン一筋三五年。この間、試食に明け暮れる日々を過ごした。松本は一昨年定年退職した。松本の食卓には三〇年間変わらず、小皿料理が並んでいる。

「やっぱり、あのときも家に帰ると小皿に入った料理が並んでました。おいしそうに並んでいる料理を見ると、いらないとは言えませんでした。それは何度もありました」

いまも妻のトシ子の手料理に舌鼓を打つ。

社長として指揮を執った安藤百福。九二歳のいまも、会長として毎日、会社に通っている。会長室にはいまも、試作品を持った若い開発担当者が訪ねてくる。日清食品の年商は、二五〇〇億円。容器の持ち具合、麵のコシ、スープのコク、〝チキンラーメン〟から出発し、カップめんを生み出した男の舌は、健在である。

世界で年間八二億食。どん底から生まれた「魔法のラーメン」が、地球の食を支えつづけている。

謎のマスク
三億円犯人を追え

〜鑑識課指紋係・執念の大捜査

写真提供：毎日新聞社

一　刑事から指紋係へ

第二の「三億円事件」

残念なことだが、およそ人間のいるところ、必ず犯罪が起きる。初めて社会生活を営みはじめた太古の昔から、人は、恨みや欲望など様々な動機から罪を犯しつづけてきた。その意味で、犯罪とは人類の歴史とともにあったといってよいが、近年では、人口の増加や社会の複雑化に伴って、ますます増える傾向にある。それも半端な数ではない。

一年間に当局に認知される刑法犯（刑罰の対象となる犯罪）の件数は、太平洋戦争後の昭和二一（一九四六）年の約一四〇万件から三〇年代・四〇年代と漸増し、昭和五七（一九八二）年に二〇〇万件を超えると、その後は増加を早め、現在ではじつに三〇〇万件近くにも上る。全国で毎日、八〇〇〇件以上もの犯罪が起きている勘定なのである。そのうち最も多いのが窃盗で、全体の六割以上を占める。次いでは、交通事故にかかわる業務上過失致死傷で、これが二割強。この二つで全刑法犯のほぼ九割を占める。残る一割、約三〇万件のなかに、傷害・暴行・恐喝などの粗暴犯、詐欺・横領などの財産犯、強姦・強制わいせつなどの性犯罪、そして殺人・誘拐・強盗などの凶悪犯が含まれる。

これらの犯罪のなかで、新聞やテレビのニュースなどで報道されることが多いのは、当然ながら凶悪犯である。何といっても、社会に与える衝撃や影響が大きいからである。そこで、繰り返し報道に接したわれわれは、主要な犯罪や事件をのちのちまで記憶にとどめることになる。例えば、年配者なら「帝銀事件」（昭和二三年）を、また壮年なら「吉展《よしのぶ》ちゃん誘拐事件」（昭和三八年）を、当時の自分のことや世相とともにはっきりと思い出すに違いない。

そうした戦後犯罪史上の大事件のなかでも、とりわけ多くの人々に強烈な印象を残しているのは、昭和四三（一九六八）年一二月に起きた「三億円事件」だろう。

白昼、東京・府中市の路上で、三億円を積んだ銀行の現金輸送車が、車ごと強奪された事件である。白バイ警官を装い、周到なストーリーで乗員をまんまとだました不敵な手口といい、盗まれた金額が三億円という、現在の物価なら三〇億円相当にもなろうかという巨額の金だったことといい、人々の耳目を集めずにはおかない衝撃的事件だった。

しかも、現場には多数の遺留品と指紋が残されていたにもかかわらず、警察は犯人を検挙することができず、結局、事件は迷宮入り（時効）となったのである。事件の反響は大きかった。一部には、人を傷つけることなく三億円を奪った犯人の〝手際のよさ〟と、大捜査網のなか、杳《よう》として行方の知れない〝見事な逃走ぶり〟に喝采した者もいたほどで、事件を扱った映画もつくられたし、本も出版された。しかしもちろん、警察関係者にとっては、とりわけ捜査に関わった警察官にとっては、痛恨の、というより屈辱というほかはない事件だった。

その〝悪夢〟がよみがえったのは、府中の三億円事件から一八年後の昭和六一（一九八六）年一一月のこと。東京・有楽町で、やはり銀行の現金輸送車が襲われ、金額もほぼ同じ三億円余りが強奪されたのである。第二の三億円事件である。今回は襲撃した犯人が複数であること、また奪われたのが現金の入ったトランクだけという違いはあったが、現金輸送車・三億円強奪という両者の符合にマスコミは飛びつき、「有楽町三億円事件」と名づけて大きく報道した。今回もまたかなりの遺留品があったにもかかわらず、捜査は難航し長期化した。それにつれて、「またまた迷宮入りか」という警察を半ば揶揄《やゆ》するような声も高まった。

警察の威信をかけた捜査が進むなかで、犯人検挙にひときわ執念を燃やす男たちがいた。警視庁刑事部鑑識課指紋係の面々である。これを率いるのは塚本宇兵《うへい》。

塚本はまだ駆け出しの指紋係だったころ、府中の三億円事件に遭遇し、指紋の照合に明け暮れたが、捜査本部の方針で、遺留された指紋を絞り込むことが許されず苦杯をなめた。そのときの悔しさを、塚本はその後、片時も忘れたことはない。そのことが、塚本が指紋捜査を究めようと決心した原動力になったといってよかった。

今度こそ犯人を挙げる――塚本と指紋係のチームは、一八年前の雪辱を固く心に誓っていた。そして彼らは、二度目の失敗は許されないというプレッシャーのなかで、六〇〇万人分を超える指紋と格闘を続け、一一か月後、ついに犯人にたどり着いたのである。

そこには、地味な鑑識の仕事に誇りを持ち、気の遠くなるような指紋照合にこつこつと取り組んで、第二の三億円事件を解決に導いた男たちの執念のドラマがあった。

御苑前派出所の二人

塚本宇兵は、昭和一一（一九三六）年一月、茨城県筑波郡上郷村（現・つくば市上郷）に、父・誠資郎、母・たつの子として生まれた。六人兄弟の次男である。上郷村は筑波山にほど近い内陸の農村地帯で、生家も陸稲《おかぼ》やイモ類を生産する農家だった。

塚本が中学二年のとき、母・たつが病死し、その後は誠資郎が男手一つで子どもたちを養った。そんな父の姿を見るにつけても、塚本は、一日も早く働いて稼ぐようになって家計を助けたいと、健気にも思うようになった。だから、野良仕事はよく手伝った。五、六〇キロもある麦俵を、一日に一五〇俵担いだこともあるという。もっともその半面、塚本は生来一本気で曲がったことが大嫌いなうえ、鼻っ柱も人一倍強い少年で、そういう人間にありがちなことだが、子どものころからケンカばかりしていた。で、ついたあだ名が〝ケンカ宇兵〟である。地元の茨城県立上郷高校に進むころには、〝ケンカ宇兵〟は近在では少しばかり知られる存在になっていた。

昭和二九（一九五四）年春、高校を卒業した塚本は、警視庁の警察官登用試験を受けて採用され、翌三〇年一月に警視庁警察学校に入学する。当時、地方の農家の次男以下は働きに出なければならず、まして六人兄弟の次男坊ともなれば、「家の世話になるわけにはいかないので、とにかく東京に出たかった」（塚本）ということになる。塚本は東京での就職先として警察官を選択したのである。昭和二九年六月には警察法が改正され、従来の国家地方警察と自治体警察が都道府県警察に一本化された。塚本は、この新しい制度のもとで警察官人生のスタートを切ったのである。

昭和三一（一九五六）年、警察学校での一年間の初任科教育を終えた塚本は、原宿警察署に配属され、千駄ケ谷の御苑《ぎょえん》前派出所（現・御苑裏交番）の勤務についた。新宿御苑や代々木駅、千駄ケ谷駅に近い場所柄、道を尋ねる人が多い。しかし塚本は道案内が苦手だった。巡査になって間もないので自分自身が付近の地理に不案内なうえ、塚本の強い茨城訛りが相手になかなか通じないのである。しかも塚本は（現在でもそうだが）あまり口を開かずに発声するため、ますます聞き取りにくい。

「代々木駅はどこですか」

「えー、それは……」

と、ひとしきりやり取りしたものの埒《らち》があかず、直接、駅まで連れていったことも一度や二度ではない。塚本宇兵、このとき二〇歳。何とも初々しい〝おまわりさん〟だった。

この新米おまわりさんの指導巡査になったのは、同じ派出所に勤務する緒方保範《やすのり》だった。指導巡査とは、文字どおり新米巡査の教育・指導係で、警察官としての心構えや仕事を一から教え込む役目である。

緒方は熊本出身で、塚本より三つ年上の二三歳。柔道も強い（原宿署の柔道チームの大将だった）、酒も強いという、まさに九州男児そのものの豪放磊落《らいらく》な男で、キャラクターそのままに塚本を豪快にしごいた、いや親身になって教育した。

「訴えがあったら、とにかく早く現場に行け。そうすれば、ホシ（犯人）はまだいるかもしれないし、逮捕できるかもしれないんだ。俺がやらなきゃ誰がやる、の精神が大事だ」

塚本宇兵の警察官人生は、昭和31年、千駄ケ谷の御苑前派出所勤務でスタートした。茨城県出身の塚本は、付近の地理に不案内なうえ、訛りが強いため相手に言っていることが通じないことも多く、道案内が苦手だった。

新米巡査の塚本の指導に当たった緒方保範。九州男児そのものの豪放磊落な男で、キャラクターそのままに塚本を教育した。「いつか、桜田門の捜査一課の刑事になる」それが緒方と塚本の共通の“夢”だった。

これが緒方の信条で、つねづね塚本に言ってもいたし、実践もした。電話を受けた緒方が、「行くぞ塚本、ついてこい」と言うが早いか自転車に飛び乗ると、全力で漕ぎはじめる。派出所には自転車は一台しかない。そこで仕方なく塚本は走ってあとを追いかける。行く先もわからないまま、ドタドタとひたすら緒方を追っていく。と、角を曲がり切れなかった緒方の自転車が、そのままドブに突っ込んでしまった……。実際にあった話である。

しかし、そんな緒方の姿勢から、塚本が、警察用語でいう「早期臨場（可能な限り早く、事件の発生現場に赴くこと）」の重要性を教えられたことは事実で、これは鑑識に移ってのちの塚本の持論の一つとなる。

緒方と塚本は、同じ独身寮に入っていたこともあって、仕事を終えると毎晩のように酒を酌み交わした。といっても、緒方は酒豪だが塚本はほとんど下戸《げこ》なので、もっぱら塚本が緒方に酒をつぐのである。話題は、ほとんど仕事のことだった。派出所での出来事、警邏《けいら》中に出会ったおかしなこと、妙なこと、驚いたこと、そしてヘマをやらかした話などを、飽かずに語り合った。そして、そんな二人には、共通の〝夢〟があった。

「いつか、桜田門（警視庁本部）の捜査第一課の刑事になる」

警視庁刑事部には、刑事総務課・捜査共助課・鑑識課もあるが、その中心は何といっても四つの捜査課である。なかで捜査第一課は、殺人・誘拐などの大事件や広域犯罪の捜査に当たる部署。実際には、知能犯担当の二課、窃盗犯担当の三課、暴力団担当の四課の課員も刑事だし、また各警察署にもおおぜい刑事はいるのだが（私服で捜査に当たる警察官は、みな刑事である）、映画やドラマに登場するさっそうとした刑事は、なぜか一課所属という設定が多い。つまりは、凶悪犯捜査の第一線という〝花形〟部署だからである。実際、警視庁に属する警察官で、一度もこの部署に憧れたことのない者を捜すほうが難しいだろう。とはいえ、もちろん、課員になれるのはほんの一握りの者にすぎない。だから〝夢〟なのである。緒方にも塚本にもそれはよくわかっていた。

二人が派出所勤務を共にしたのは二年ほどで、その後はそれぞれ別の道を歩む。それからほぼ三〇年後、それぞれが責任ある立場で同じ大事件の捜査に挑むことになろうなどとは、無論、若手巡査時代の緒方と塚本には思いもよらなかったにちがいない。

警視庁鑑識課指紋係

二年の派出所勤務ののち、塚本は昭和三三（一九五八）年、第三機動隊員になる。機動隊は警視庁警備部に属し、重要施設の警戒、要人警護、国家行事警備などに当たる組織だが、一般によく知られているのはデモの規制だろう。塚本は、昭和三五（一九六〇）年の六〇年安保闘争に遭遇し、連日、国会周辺に出動しては、日米安全保障条約改定反対を叫ぶ学生・市民・労働者のデモ隊と対峙した。とりわけ全学連主流派との攻防は熾烈を極め、塚本はいつも機動隊の最前列で、自分といくつも年の違わない学生と競り合っていた。東大生・樺《かんば》美智子さんが死亡した六月一五日には、首相官邸に詰めていた。

三年後の昭和三八（一九六三）年、塚本は神田警察署刑事課に配属された。念願の刑事になったのである。制服を私服に着替えた塚本は、靴をすり減らしての聞き込みや被疑者の取り調べなど、刑事としての捜査のノウハウを一から覚え込んでいった。軽犯で逮捕した男を取り調べ、五〇件を超える余罪の自供を引き出す手柄を立てたこともある。そんな、捜査に没頭する日々を送りながら、塚本は待っていた。もちろん、警視庁本部の捜査第一課から声がかかるのを、である。

「やっぱりデカ（刑事）にとっては、殺人事件に関わるのがいちばん大きな仕事だよね。もちろん、夢のまた夢なんだが、どうせやるなら、捜査一課でそんなホシの捜査に当たってみたい、と。それが究極的な目標だったな」

しかし、そんな塚本の夢が砕かれる日がやって来た。昭和四一（一九六六）年春のことである。

ある日、刑事課長が塚本に言った。

「本庁からお呼びだ」

捜査一課への異動か、と塚本は一瞬、胸を躍らせた。ところが違った。

「鑑識課だ」

不意打ちをくらって、塚本は立ちすくんだ。正直に言って、それまで鑑識のことなど考えたこともなかった。無論、鑑識という科学捜査の一翼を担う部門があることは知っている。しかし、巡査、機動隊員、刑事（捜査係）と経てきた塚本にとっては、ただただ縁のない部署というしかなかった。現に神田署に四、五〇人もいる刑事のなかで、たしか三人ほどは鑑識の仕事をしていたはずだが、それまで接点はまったくといっていいほどなかったのである。

「いやです」

ようやく塚本が言うと、課長はそれを予期していたかのように説得にかかった。

「まあ、そう言わないで。本部の鑑識なら現場鑑識だろうから、大事件には必ず臨場するはずだ。これからずっと刑事をやっていくうえで、必ず参考になる。行っておいたほうがいいよ」

なるほど、殺人などの大きな事件のときには、本部の現場鑑識が必ず応援に来ることになっていた。現場に行けるならまあいいか、これも一つのステップだ——こう自らを無理矢理納得させた塚本は、異動を了承した。

ところが、一か月後、塚本が配属されたのは現場鑑識ではなく指紋係で、それも指紋照合の担当だった。外に出たり臨場したりすることはほとんどなく、一日中机に向かい、各警察署から依頼される指紋の照合に明け暮れる職場である。大声が上がることなど決してない、静かで緊張した空気の張り詰める室内で、四〇人ほどの課員たちが、ただひたすらにルーペ(拡大鏡)をのぞきつづけるのである。自他ともに行動派と認める塚本にとっては、ある意味で、もっとも似つかわしくない職場といえるかもしれなかった。

「なんで俺が指紋係なの、という感じでしたよ。しかも捜査一課どころか、やっとのことで覚えて、生きがいも感じていた捜査というものへの道が断たれた。目標を失ったんです」

塚本はくさった。じつのところ、当初は職場に通うのがつらくてたまらなかった。席に座っていても、長時間着座するという経験がないものだから、しばらくすると腰のあたりがムズムズして、たまらなく歩き回りたくなる。捜査一課でなくてもいい、どこでもいいから、ここから出してくれ、と叫びたくなる毎日だったのである。

とはいえ、現実は受け入れなくてはならない。塚本は、指紋というものに取り組もうと努力した。ところが、これがじつにやっかいな代物なのである。小さな紙片に、細い線が渦巻きのようにくるくると描かれているだけである。先輩が二つの指紋を対照しながら、「ほら、ここに特色があるだろう」などと言っても、塚本にはただの同じような渦巻きにしか見えない。我慢して眺めつづけていれば、トンボではないが目が回るだけだった。

しかし、指紋照合に熟達するための王道というようなものはない。ひたすら注意深く眺めて指紋の線(これを「隆線」という)の特徴をつかむこと、そしてできるだけ数多くの指紋を見ることである。塚本は、来る日も来る日も、渦巻きを眺めつづけた。

のちに「指紋の神様」と呼ばれるようになる塚本の、これが〝指紋事始め〟だった。

二　痛恨の「迷宮入り」

府中三億円事件

昭和四三（一九六八）年。「明治百年」（明治維新から一〇〇年目）のこの年、高度経済成長はほとんど極限にまで昇りつめ、国民総生産（ＧＮＰ）は世界第二位となって、「昭和元禄」の繁栄と爛熟を現出する一方、反戦運動が高まり、大学改革問題に端を発する学園闘争が全国の大学に飛び火しはじめるなど、日本は一種、騒然とした不安定な雰囲気に包まれていた。そして、そんな一年を象徴するかのような事件が起きたのは、年の瀬のことだった——。

昭和四三年一二月一〇日。東京では朝から激しい雨が降っていた。

九時一五分。日本信託銀行国分寺支店から一台の現金輸送車が出発した。車には運転手一名・行員三名の計四名が乗り込み、後部トランクには、東芝府中工場の従業員に支給されるボーナス二億九四三〇万七五〇〇円を入れたジュラルミン製のトランク三個が積まれていた。

九時二一分。現金輸送車は、府中刑務所の北側の塀に沿って走る学園通りを、西に向かっていた。刑務所の塀が尽きれば、すぐに東芝府中工場である。と、そのとき、後方から走ってきた白バイが輸送車に停車を命じた。車を道路左端に寄せて停めると、白バイはその前方を遮るように停車し、白ヘルメットに黒の革ジャンパー、腕には交通腕章を巻いた警官が輸送車に近づいてきて、言った。

「日本信託の車ですね。支店長の自宅が爆破され、この車にも爆弾が仕掛けられているとの緊急連絡が入っています。車を調べさせてください」

乗員たちは車外に出た。警官は仰向けになって車の下にもぐり込み、あちこちを調べているようだったが、突然、立ち上がって叫んだ。

「あったぞ、ダイナマイトだ。逃げろ、爆発するぞ！」

同時に車のボンネット下から白煙が吹き出した。四人はとっさに、煙とは反対の方向、すなわち車の後方に逃げ出した。うち二人などは、一〇〇メートルほども逃げた。

四人が遠ざかるのを確認した警官は、現金輸送車に乗り込み、急発進させると、そのまま西へと走り去った。依然として篠《しの》つくような雨がたたきつける路上には、警官が乗り捨てた白バイと、煙をあげる〝ダイナマイト〟が残された。すべては、わずか三分間の出来事だった。警官は偽者であり、白バイは青色のバイクを白ペンキで塗装したものであり、〝ダイナマイト〟は発煙筒だった。

こうして、三億円もの金が車ごと奪われた。「三億円事件」である。

それまでの現金強奪事件での最高額は三一〇〇万円。今回の額は文字どおり〝桁〟が違う。現在の貨幣価値に換算すれば三〇億円にもなろうかという、空前の大金強奪事件だった。警視庁は同日午後、府中署に「現金輸送車強奪事件特別捜査本部」を設置し、警視庁内から横断的に一四四名の腕利きの刑事を集めて、警察の威信をかけての大捜査を開始した。また翌年春からは、捜査員を二〇〇名近くに増員するとともに、捜査第一課の平塚八兵衛が捜査の指揮に当たることになった。平塚は〝捜査の鬼〟〝オトシの八兵衛〟の異名を持つ名刑事。戦後の主だった事件のほとんどの捜査を担当し、この三億円事件の前には昭和三八年に起きた「吉展ちゃん誘拐事件」で、犯人の小原保を二年がかりで自供に追い込み、事件を解決に導いたことで知られていた。

かつて例のない大事件に、警視庁鑑識課も大量に動員された。指紋係の塚本宇兵も、三億円事件発生の翌日には、第三現場の指紋採取に出動している。事件の起きた場所が第一現場、次いで約一時間後に、奪われた現金輸送車が発見された場所が第二現場、そして同日午後五時に、犯人が現金輸送車の見張り用に使ったと思われる小型車が発見された場所が第三現場である(四か月後には、犯人が逃走用に使用した小型車が発見された。車内には三個のジュラルミン製トランクが残されていたが、もちろんなかは空だった。これが第四現場である)。

当初、特捜(特別捜査本部)の関係者たちは、犯人逮捕を楽観していた節がある。というのも、四つの現場には、偽の白バイ、見張り用・逃走用の乗用車をはじめ、帽子、レインコート、手袋など一五〇点を超える遺留品があり、それらから三〇個の指紋も採取されたからである。

さらに、最新の技術導入の効果も期待できた。当時開発されたばかりのモンタージュ写真である。間近に犯人を見た四人の証言に基づいて合成した犯人の顔は、かなり精度の高いものであるはずだった。しかも、年齢一八〜二五歳、身長一六五〜一七〇センチメートルとの犯人像も特定できた。特捜本部は、事件後一一日目には犯人のモンタージュ写真七八万枚をつくり、全国に指名手配した。街頭で駅で、人々はいやというほどこの写真を見た。いまでも、多くの人はその顔を覚えているに違いない。はたして、その効果は絶大だった。「顔が似ている」「最近金回りがよくなった」と、全国からおびただしい数の情報が寄せられた。その数は、捜査終了までには、じつに二万七〇〇〇件以上にもなったのである。

こうして、三億円事件の捜査は物量との闘いとなった。特捜本部の刑事たちは、独自の読みに基づく捜査活動はもとより、国民から寄せられた情報一つひとつについても対応しなければならなかった。いきおい捜査対象は膨れ上がり、最終的には延べ一二万人近い人間が何らかの形で捜査対象になったのである。そして、刑事たちが足を棒にして歩き回り、捜査対象をしらみつぶしに調べ回っている間、じつはもう一つの物量との闘いも進行していた。ほかでもない、鑑識課指紋係の闘いである。

指紋照合という作業

府中三億円事件で、鑑識課指紋係が特捜本部から受けた指示は、「遺留品から採取された指紋と犯罪歴のある者の指紋とを照合せよ」というものだった。しかし、「言うは易く行うは難し」とは、まさにこのことである。逮捕された容疑者は必ず指紋を採取され、氏名・処分などを記入した指紋票に付されて、警察庁に保管される。その数が六〇〇万人（！）分である。それが、どれくらい大変な作業となるかは、この数を聞くだけでも十分だろうが、では、実際に指紋照合とはどのようなことを行うのか、ここで見ておこう。

指紋とは、端的にいえば手や足の指先にある皮膚のしわのこと。その本体は汗腺が隆起した線（隆線）で、無数の隆線の流れが紋様をなしているので指紋というのである。その紋様には次のようないくつかの種類がある。

まず、最も多いのが「渦状紋《かじょうもん》」。これは隆線の流れが渦巻き状になっているもので、日本人の五〇パーセント近くはこの紋様である。次に多いのは、馬蹄形状の「蹄状紋《ていじょうもん》」で、これが約四〇パーセント。次いで、弓なりに反ったような流れの「弓状紋《きゅうじょうもん》」で、約一〇パーセント。最後に、前の三つに属さない、ごくまれな紋様を「変体紋」という。もちろん、このように分類されるとはいえ、これらはあくまでも指紋の形状パターンである。日本人の半数近くが渦状紋であるからといって、それらがみな同じ指紋というわけではない。話はまったく逆で、子細に見ていけば、世界に一つとして同一の指紋はないのである。

指紋には、「万人不同」（同一の指紋はない）、「終生不変」（生まれたときの指紋は終生、変わることはない）という二大原則がある。細かくいえば、万人不同とは確率の問題である。指紋には、

渦状紋

蹄状紋

弓状紋

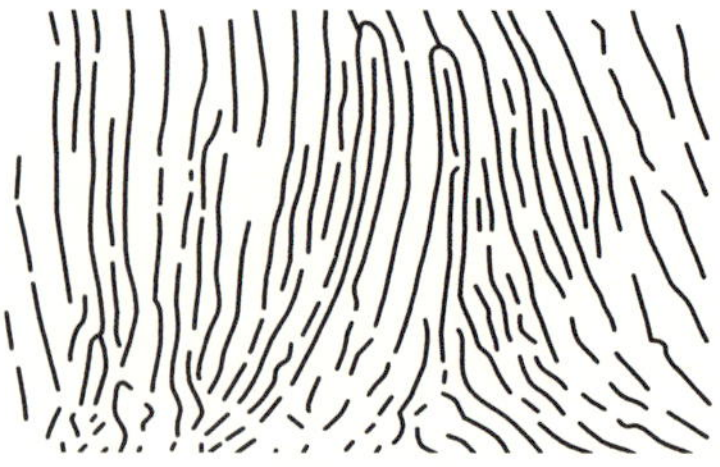
変体紋

隆線のあり方によって特徴点と呼ばれるところがある。隆線が枝分かれする「分岐点」、それが切れている「端点」、隆線が円になっている「囲み点」、ぽつんと独立した点のようになっている「島点」などである。すべての個人は、約一〇〇近いこれらの特徴点を持っているが、そのうち一二点が合致すれば同一の指紋と特定される。一つの指紋で一点だけが合致する確率は一〇分の一とされるので、一二点が合致する確率は一〇の一二乗分の一、すなわち一兆分の一となる。要するに、同一の指紋が存在する確率は、ほとんどゼロに等しいのである。現に、警視庁が明治四四（一九一一）年に指紋による識別を開始して以来、今日にいたるまで同一指紋はただの一つも確認されていない。指紋が最も確実な個人識別法といわれるゆえんである。

そこで鑑識課指紋係の指紋照合作業だが、何も特別なやり方をするわけではない。まず、現場で採取された遺留指紋の形状と特徴を覚え込む。とりわけ、特徴点については、しっかりと頭にたたき込む。そのうえで、対照すべき指紋と綿密に照らし合わせていくのである。例えば渦状紋と弓状紋のように形状・紋様が明らかに違う場合は、目視するだけで判断する。所要時間一秒。目視を通過したものは、改めてルーペを使って、両者を交互に眺めながら検討する。これも平均すると一、二分で結論が出るが、難しいものになれば半日、一日をかけることもある。間違いは許されない。照合は一回勝負である。一たび、実際は合致している指紋を違うといって捨てたり、見過ごしたりすれば、永久に合致する指紋は現れないのである。

自分の担当する地域を別に持っていたため、塚本宇兵が正式に三億円事件の担当になったのは、事件発生後三年目の昭和四六(一九七一)年だった。捜査体制はさすがに縮小されていたが、指紋係には依然として、毎日、膨大な量の指紋が送られてきた。その量は、たった五人しかいない三億円担当指紋係の能力を超えていた。実際のところ、二時間も集中して作業していると、頭の芯がうずき、しびれたような感じになる。ため息をついて天井を見上げれば、渦巻き模様が浮かび上がってくる。毎日がその繰り返しである。まさに気の遠くなる作業だった、と当時を回想するのは指紋係の一員だった榎田益夫《えのきだますお》である。

「何とかやってやろうという気持ちはあったんですが、あんまり枚数が多くなってくると、見えるものも見えなくなるんです。といって、見逃せばアウトですから、ちょっとおかしいなと思うときには、お互いに見せ合って確認していましたね」

このようにして処理できる指紋の数は、五人で一日五〇人が限度だった。これは指紋五〇個ということではない。指紋対照者一人につき指一〇本で一〇個、五〇人で五〇〇個の指紋と、三〇個の遺留指紋とを照合するのだから、都合一万五〇〇〇個の指紋を処理したのである。したがって犯罪歴のある者の指紋六〇〇万人とは、途方もない量というほかはなかった。これだけ頑張っているにもかかわらず、事件発生から三年たっても、処理を終えた指紋は、まだ数十万人分ほどでしかなか

600万人分の指紋に対して、たった5人しかいない「三億円事件」の指紋係。チームの一人榎田益夫は、「何とかやってやろうという気持ちはあったんですが、あんまり枚数が多くなってくると、見えるものも見えなくなるんです」と、その気の遠くなる作業を振り返る。

った。指紋係は物量との闘いに苦戦を続けていたのである。

犯人はここにいる

連日、はてしもない指紋照合の作業を続けながら、塚本宇兵は内心の不満を抑えかねていた。照合の仕事が嫌なのではない。むしろ逆で、指紋係になって五年、塚本は指紋による犯罪捜査に強い意欲を持ちはじめていたのである。

そのきっかけは、昭和四二（一九六七）年に起きた「Kホテル事件」だった。都内のホテルで女性の首吊り死体が発見され、当初、捜査一課はこれを自殺と断定した。しかし、指紋採取のため臨場した塚本は、女性が下着をつけていないことや、遺書の宛て先がなぜか出身高校の校長になっていることなどの点が不可解で、納得できなかった。ところがその後、捜査が進展したらしく、塚本は一課から、ある前科を持つ男の指紋と塚本が現場から採取した指紋との照合を求められた。すると、ぴったりと一二の特徴点が一致したのである。同一人物である。ということは、その男が事件の現場にいたことを意味する。つまり、当初の認定とは逆に、他殺の疑いが濃くなったのである。そして、結局、男は女性を扼殺したことを認め、事件は決着した。

塚本は、自分が採取した一個の指紋が、事件の捜査を一転させる様を目のあたりにした。それは目からウロコが落ちたような経験だった。塚本は、犯罪捜査における指紋の重要性に目覚め、改めて意欲を沸き立たせたのだった。

そんな塚本が不満に思っていたのは、三億円事件の捜査方針である。特捜本部は、四つの現場から採取した三〇個の指紋を、全犯罪者六〇〇万人分の指紋と照合しろという。無論、合致する可能性はある。しかし六〇〇万人分はあまりにも膨大で、照合しているうちに時効になってしまう公算のほうが大きい。それより、なぜ特捜本部は、偽警官が遺棄していった偽の白バイに残されている「顕在指紋」を重視しないのか、あれがいちばん怪しいのに……それが塚本には不満だったのだ。

物に残された指紋とは、指が物に触れたときに、汗腺・皮脂腺から出てきた分泌物がそこに付着してできた模様である（物に指紋がつくことを、「指紋が印象される」という）。われわれは日常生活のなかで、例えば扉の把手でも机でも壁でもしょっちゅうさわっているが、そこに指紋が印象されているのを認識することはあまりない。分泌物が微量なため、くっきりとは見えないからである。このような、目には見えない指紋を「潜在指紋」という。よくドラマなどで、鑑識課員が事件現場のあちこちに粉をかけ、ブラシでなぞっている場面が出てくるが、あれが潜在指紋の代表的な検出法の「粉末法」である。粉はアルミニウム粉末で、これを潜在指紋の上からかけて付着させ、ブラシで静かになぞると、分泌物（水分）に付着した部分だけが付着したまま残るという寸法である。この潜在指紋に対して、目に見える指紋が「顕在指紋」であることはいうまでもないだろう。

さて、遺棄された偽白バイのゴム製のひざあての裏部分には、顕在指紋が残されていた。となれば、もともとは青色のバイクを白く塗装した際についたと考えるのが自然であり、その指紋の持ち主が犯人の可能性が高いと考えるのも自然なことである。この指紋に絞って照合を進めれば、最も早く犯人にたどり着けるはずだと、塚本は考えていた。だから、この指紋を重視しない特捜本部に不満だったのである。

さらにいえば、その不満の底には捜査第一課主導という捜査のあり方に対する不満もあった。現在は違うが、三億円事件のころまでは、一課は伝統的に、「犯罪捜査においては、何より〝人〟」という立場だった。経験と勘に基づいて事件の〝筋を読み〟（背景・動機を推理すること）、取り調べを通じて被疑者の自白を引き出すのが、捜査の王道と考えていたのである。三億円事件の捜査を指揮していた平塚八兵衛などは、その代表だろう。平塚の異名〝オトシの八兵衛〟とは、平塚が被疑者を〝落とす〟（自供を引き出す）ことの名人だったところからつけられたものである。

その裏返しで、一課の刑事たちは物（物証）は参考程度にしか思わず、したがって鑑識などほとんど相手にしていなかった。というのがきつければ、あまり頼りにしていなかった。事件の現場では、現在は現状保存が優先されるが、当時はまっ先に乗り込むのは一課の刑事であり、鑑識の人間は、一課の調べが終わるまで待機していなければならなかった。現に、この三億円事件の発生時、塚本が指紋採取のため第三現場へ出動した際にも、到着したときには、すでに一課の刑事が遺棄された見張り用の小型車を調べており、指紋の採取はあと回しにされた。相変わらずの一課主導と、それにひきかえて鑑識の力のなさに、いまさらながらため息をついたものだった。

そんな積もり積もった不満が、ある日、ひょいと出てしまった。指紋を持ち込んできた刑事に、

「こんなにたくさん見ていられないよ」

と文句を言ってしまったのである。

翌日、鑑識課に一人の男が怒鳴り込んできた。平塚八兵衛だった。〝ケンカ八兵衛〟の異名もある高名な刑事は、塚本を見据えて言った。

「こんなに見ていられない、とか何とか言ったそうだな。三億円は警視庁あげての大捜査だ、この仕事に集中してやれ」

塚本は、恐れることなく言い返した。

「白バイの顕在指紋に絞って照合すべきです」

間髪を入れずに平塚が大声を上げた。

「お前は犯人がペンキを塗るのを見ていたのか！」

鑑定課は静まり返った。靴音も高く、平塚は部屋を出ていった。〝ケンカ宇兵〟の貫禄負けだった。

塚本は落ち込んだ。自分の無力が情けなかった。そんな塚本に、先輩の長谷川恭一郎が声をかけてきた。指紋係一筋に生きてきた男である。長谷川は静かに言った。

「鑑識はホシの顔を拝めない。手錠もかけられない。しかし、犯人はここにいる。指紋のなかにいるんだ」

塚本はハッとした。この言葉に、虚をつかれた思いだった。そして「Kホテル事件」を思い出した。あのとき、一個の指紋が事件の捜査を一転させたのではなかったか。指紋には、それだけの重みがあるのではないか。

「指紋の道を究めれば、捜査一課と渡り合えるんじゃないか。場合によっては一勝負できるんじゃないか、という気持ちがドンときたね。だから、ぐずぐず言わずに、もっと真剣に指紋に取り組んでみよう、と」

塚本は、再びルーペに向かった。一ミリにも満たない指紋の線と、とことんつきあってみようと決心していた。

もっとも、そんな塚本の決心も、残念ながら膨大な指紋照合には歯が立たなかった。事件から七

「鑑識はホシの顔を拝めない。手錠もかけられない。しかし、犯人はここにいる。指紋のなかにいるんだ」先輩の長谷川恭一郎が静かに言ったこの言葉に、平塚八兵衛に貫禄負けして落ち込んでいた塚本はハッとした。そして1ミリにも満たない指紋の線と、とことんつきあってみようと決心した。

年後の昭和五〇（一九七五）年一二月一〇日、時効が成立し、三億円事件は迷宮入りとなった。捜査員延べ一七万二〇〇〇人、捜査対象者一一万七九五〇人、寄せられた情報二万七七八三件。特捜本部は物量に敗れた。そして、この時点で指紋係が処理を終えた指紋は、六〇〇万人のうち一五七万人分だった。指紋係もまた、物量との闘いに敗れたのである。

三　捜査対象を絞り込め

有楽町三億円事件

昭和六一（一九八六）年一一月二五日、朝八時過ぎ。警視庁鑑識課に出勤した塚本宇兵は、いつものように指紋係の更衣室で作業着に着替えていた。五〇歳になった塚本は、二〇人の指紋係を率いるキャップ（係長）になっていた。郷里に近い茨城県取手市にマイホームを買い、そこから二時間をかけて東京に通う毎日である。

三億円事件から一八年。この間に鑑識をめぐる環境は変わった。ひと言でいえば、鑑識の重要性、言い換えれば物（物証）の重要性が、広く認められはじめたのである。時代は、被疑者の取り扱いや自供引き出しの手法をめぐり、ときとしてその強引さが問われることのあった、昔ながらの「人につく」捜査の時代から、客観的・科学的な明証性を重んじる時代へと、転換しつつあった。これに伴い、昭和五八（一九八三）年には、コンピュータによる「指紋自動識別システム（ＡＦＩＳ）」が警察庁鑑識課に導入された。犯罪歴のある者六〇〇万人分の指紋（三億円事件のとき、塚本ら指紋係が七年間で一五七万人分までしか処理できなかった、あの膨大な指紋である）をデータベース化し、検索できるようにしたシステムである。昔気質の指紋係はコンピュータに頼るのを嫌がったが、塚本はむしろ「いいものができた」と喜んでいた。一秒間に一〇〇〇枚近い指紋を照合できるコンピュータの〝速さ〟と、長年の経験で培った指紋係の〝熟練の目〟が組めば、指紋による捜査能力は飛躍的に高まる——塚本はこのころ、指紋捜査への道が確実に拓かれつつあるのを感じていた。

塚本が着替えを終えた八時二五分。突然、庁内放送が響きわたった。

「丸の内管内で現金輸送車強奪」

塚本が〝運命の〟事件を知った瞬間である。事件が発生したのは、その数分前だった——。

午前八時二〇分、東京・有楽町の三菱銀行有楽町支店前に、世田谷区池尻にある同銀行東京事務センターから、乗員三名（運転手一名、警務員二名）が乗った現金輸送車が到着した。輸送車の後部トランクには、有楽町支店ほか二支店に届ける現金約一〇億円が、七つのジュラルミンケースに分けて積まれていた。

支店前の路上には行員二名が待機していた。警務員一名が行員と書類の受け渡しを始め、一方、運転手は後部ハッチを開けて、現金の入ったケースを取り出そうとした。

そのとき、近くに駐車していた白のワゴン車から二人または三人の男が飛び出してきた。いきなり、一人が後部トランクに最も近いところにいた運転手の頭を殴りつけ、一人は強力な催涙スプレーを、警務員や行員めがけて噴射した。殴られた運転手が一瞬よろめいたすきに、男たちは後部トランクからジュラルミンケース二個と有価証券の入った麻袋三つを奪うとワゴン車に走り込んだ。ワゴン車には、もう一人、別の男が乗っていた。

全員が危害を加えられてうずくまっているなか、一人なんとか気を取り直した運転手は、「ドロボーだ」と叫ぶと、ワゴン車に取りつき、ドアをドンドンたたいたが、ワゴン車は急発進すると、数寄屋《すきや》橋方面に走り去った。この間、わずかに二、三分。都心の国電（現・JR）有楽町駅前というにぎやかな場所で、しかも通勤どきということもあって、少なからぬ人が事件を目撃していたが、誰も犯人の顔を見ていなかった。

奪われたジュラルミンケース二個には、合わせて三億三三〇〇万円が入っていた。「第二の三億円事件」である。

午前九時前、塚本は現場に臨場した。一番乗りだった。現金輸送車と聞いたときから、何か感じるものがあった。だから、庁内放送を聞くが早いか、係員三名ほどを連れて飛び出してきたのである。しかも、現場で聞けば、奪われたのは三億円余りだという。これは、力及ばず一敗地にまみれた、あの三億円事件のまさに再現ではないか。塚本は思わず、「えーっ」と声を上げていた。

情報はすぐに本部の鑑識課に伝えられた。塚本に限らず、現金輸送車・三億円の符合は、あの三

昭和61年11月25日朝。東京・有楽町の三菱銀行有楽町支店前で現金輸送車が襲われ、現金3億3300万円を奪われた。「第二の三億円事件」の発生だった。有楽町駅前というにぎやかな場所ながら誰も犯人の顔を見ていなかった。
写真提供：毎日新聞社

18年前の屈辱をはらす――警視庁全体が雪辱の意気に燃えていた。事件から1時間半後にははやばやと、特捜本部が丸の内警察署内に設置された。
写真提供：毎日新聞社

億円事件で苦杯をなめた指紋係たちの心を激しく揺さぶった。その一人、榎田益夫はこう回想する。

「これは天がわれわれに与えた二度目の試練じゃないか。今度こそ必ず犯人を挙げるんだぞと、天がわれわれに与えてくれた事件じゃないか、という感じがしましたね」

一八年前の屈辱を必ずはらす、と榎田らは誓っていた。いや、警視庁そのものが雪辱の意気に燃えていたというべきだろう。その証拠に、事件から一時間半後にははやばやと、特捜本部(有楽町二丁目現金輸送車多額現金強奪事件特別捜査本部)を丸の内警察署内に設置しているのである。

事件発生からほぼ一時間後の午前九時一五分、現場からは目と鼻の先の西銀座地下駐車場で、犯人一味が乗り捨てた白のワゴン車と、空のジュラルミンケース二個が発見された。このとき、現場検証のため最初に現場に足を踏み入れたのは、捜査第一課ではなく、塚本ら鑑識課である。科学捜査が優先される時代が来ていた。

ワゴン車のなかには二十数点の遺留品があった。毛布、枕カバー、手袋など。そしてフルフェイス(顔全体を覆うタイプ)のヘルメットと歌手マイケル・ジャクソンの人面マスクである。犯人たちはこれらをかぶっていた。だから目撃者は誰も、顔を見ていなかったのだ。

また指紋係は、現金輸送車から四〇個、ワゴン車から一七個、駐車券から四〇個の指紋を採取した。もっとも、手袋が残っているからには、犯人たちは犯行時には手袋をしていたはずで、遺留指紋はまず犯人たちのものではないだろう。そんなことを考えながら塚本が指紋を採取している現場に、今回の特捜本部の指揮を執ることになった捜査第一課の刑事が現れた。

緒方保範だった。そう、三〇年前に御苑前派出所で新米巡査の塚本に警察官の仕事を教え込んだ先輩の緒方、自転車ごとドブに突っ込んだ、あの緒方である。

一課と鑑識の勝負

三〇年前の昭和三〇年代初頭、御苑前派出所の先輩・後輩だった緒方保範と塚本宇兵は、毎晩のように捜査第一課への〝夢〟を語り合ったものだった。

緒方は、夢をそのまま生き、捜査畑一筋に歩んできた。緒方の名が警察関係者の間に一躍広まったのは、昭和四〇（一九六五）年七月に起きた、いわゆる「ライフル魔事件」での活躍である。神奈川県座間町（現・座間市）で二人の警察官を殺傷した少年が、東京・渋谷の銃砲店「ロイヤル銃砲店」に押し入り、店員を人質にして籠城、ライフル銃を乱射した。このとき原宿署の刑事だった緒方は、銃弾の下を匍匐《ほふく》前進して接近すると犯人にタックル、肩を撃ち抜かれながらもこれを取り押さえて、原宿署柔道チーム大将の胆力と技、そして勇気を遺憾なく見せつけたのである。

その直後に、抜擢されて本部捜査第一課に入り、年来の夢を果たした。一課では、三億円事件の際に塚本を怒鳴りつけた平塚八兵衛に認められ、その薫陶を受けた。その後も、新宿署、渋谷署などに転勤しては、そのつど、一課に戻ってきた。検挙率も抜群で、いまや〝赤鬼〟と呼ばれる一課きってのすご腕刑事である。

一方、塚本は機動隊員、刑事を経て昭和四一（一九六六）年に、「捜査一課に入る」という志に反して鑑識課に入った。以来、鑑識一筋、といいたいところだが、じつはこの間、昭和四七（一九七二）年からの三年間だけ、綾瀬警察署で警務係長（警務は署内の事務全般を扱う部署）を務めている。この場合は、鑑識に入ったときと事情は逆で、塚本は〝鑑識に残りたかった〟が、異動命令にやむなく従ったのである。翌年には、本部人事課への異動を断っている。出世ということだけを考えれば、この話は間違いなく栄転だったのだが、鑑識課に戻ることだけを願っていた塚本は、他のコースに乗りたくなかったのである。昭和五〇（一九七五）年に警察庁鑑識課に移り、五三（一九七八）年には再三の〝希望が叶って〟警視庁鑑識課に復帰し、以後は指紋捜査の道に邁進《まいしん》してきた。

昭和五七（一九八二）年から二年間は、ＪＩＣＡ（国際協力事業団）の要請で、フィリピンの犯罪科学研究所に派遣された。国家警察軍に鑑識・指紋捜査の指導をするためだったが、彼の地では、たまたま遭遇した美術品窃盗事件や殺人事件を指紋捜査を通じて解決して、大いに面目をほどこしている。そして、帰国して就いたのが、現在の指紋係長である。いまや、誰もが認める指紋のエキスパートだった。

こうして、巡査時代から三〇年を経て、緒方と塚本は、捜査と鑑識にそれぞれ〝この人あり〟といわれる存在になっていた。そして、そんな二人が、昭和六一（一九八六）年一一月二五日、有楽町三億円事件の現場で出会ったのだった。

緒方は、昔のままの磊落な調子で塚本に言った。

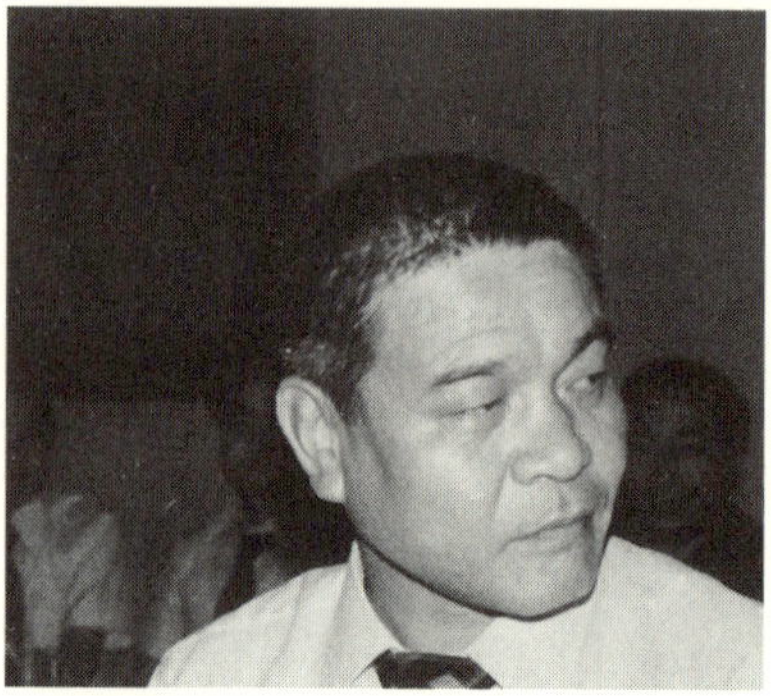

特捜本部の指揮を執ることになったのは緒方保範。これまでに数々の功績を上げて、“赤鬼”と呼ばれるすご腕刑事となっていた。「指紋はお前がやるんだろう？　どっちが早くホシを挙げるかだな」――昔のままの磊落な調子で塚本に言った。

「緒方さんに同じ事件で挑戦できるんだから、これは燃えなきゃウソだよ」――一課にも一目置かれるだけの指紋捜査の道を求めつづけてきた塚本にとって、これは絶対に負けられない勝負だった。

「指紋はお前がやるんだろう？　どっちが早くホシを挙げるかだな」

当然ながら、緒方には、「俺たちは俺たちの捜査でホシを挙げるんだ」という意気込みがあった。そして、「お前たちだってそうだろう？」と問いかけたのである。

「緒方さんは、どっちが早いか、捜査一課が犯人を割り出すのが早いか、鑑識が割り出すのが早いか、勝負しようと言ったんだ。ここで勝負しなきゃ男じゃない、と思ったな。緒方さんに同じ事件で挑戦できるんだから、これは燃えなけりゃウソだよ」

かつての捜査一課主導の捜査に疑問と不満を抱き、一課にも一目置かれるだけの指紋捜査の道を求めつづけてきた塚本にとって、これは絶対に負けられない勝負だった。

六つの指紋

事件発生から二日後の一一月二七日、赤坂・豊川稲荷の地下駐車場で、犯人が奪った現金の一部が発見された。カメラメーカーの紙袋に、千円札ばかりで一万五〇〇〇枚、すなわち一五〇〇万円が入っていた。なぜ放置したのかは謎だが、かさ張るので放置したとみる説が有力だった。

犯人が触れたことが確実であるだけに重要な手がかりだったが、とりわけ重要なことは、なかで三〇〇万円分、つまり三〇〇〇枚の千円札が新札券（新品の紙幣）だったことである。犯人以外で新札券に触れる可能性のある人間が果たして、どれだけいるだろうか。

「この新札券から指紋が見つかれば、犯人にたどり着ける」

そう確信した塚本は、勇躍、検出作業に入った。三〇〇〇枚の千円札を一枚一枚、検出液に浸して乾かす。指紋がついていれば、化学反応によって浮き出てくるはずである。その際、効率的に紙幣を乾かすのには電子レンジが適していることがわかった。係官たちは総出で、この作業に当たった。紙幣を検出液に浸し、次いで電子レンジに三分間かける。この繰り返しを一〇日間続けた。寝ずの作業だった。

その結果、七つの指紋が浮かび上がった。銀行・印刷局など、この新札券に触れた可能性のある二〇〇人に協力を依頼して指紋を集め、それらを七つの指紋と照合した。そして、一つが印刷局職員のものと判明した。残る六つの指紋の持ち主は不明である。「この六つの指紋こそ、事件を解くカギだ」と塚本は考えた。

六つの指紋は、「指紋自動識別システム（ＡＦＩＳ）」にかけられた。膨大な数の犯罪者の指紋の照合が驚くべき速さで行われた。しかし、一つもヒット（合致）しなかった。このシステムの開発に携わった石川俊一《としかず》は、こう回想する。

「残念、悔しいというのが本音でした。自分たちのやった作業のなかに、何か間違いがあったのかなという思いは、常に頭のなかにありましたね」

６つの指紋は「指紋自動識別システム」にかけられ、膨大な数の犯罪者の指紋が驚くべきスピードで照合されたが、一つもヒットしなかった。システム開発に携わった石川俊一は「自分たちのやった作業のなかに、何か間違いがあったのか」という思いが頭から離れなかった。

現場で採取され、コンピュータによる照合のもととなる指紋は、例えば一本指の指紋のさらに断片（片鱗紋）などのように、ほとんどが不完全なものである。したがって、これをコンピュータに読み取らせるためには、当時は、もとの指紋を拡大してその上にトレース用紙を置き、それを係官がなぞって不完全な部分を補い、そのうえで読み取らせる方法をとっていた（現在はモニター上で行うが、基礎となる考え方は同じである）。だから、もしトレースを描き間違えば、合致するものも合致しなくなってしまう可能性はあった。しかし、ともあれ、ＡＦＩＳでヒットしない以上、犯人は犯罪歴のない者たちと考えるしかなかった。

これと並行して、鑑識課では連日、捜査一課が持ち込む指紋との照合作業が続けられていた。事件の現場からは総計すれば七〇〇を超える指紋が見つかっていたが、しかし塚本は、新札券に残された六つの指紋との照合しか命じなかった。

塚本は、前の三億円事件の苦い経験が頭から離れなかった。あのときは、三〇個の遺留指紋と照合していくという〝物量〟に押しつぶされて失敗した。いくらシステムが進歩したといっても、今回の七〇〇個など論外である。まして塚本には、あのとき、偽の白バイに残っていた顕在指紋一個に絞ってやれば、犯人にたどり着けたかもしれないという無念の思いがある。

指紋は絞り込まなければならない。今回は「六つの指紋」に絞ろう、と塚本は決心していた。前回は、一係官にすぎなかったため、平塚八兵衛に一喝されて意見具申は通らなかったが、幸い、いまでは塚本の意見はそれなりに尊重されるくらいの実績を積み、指紋係の責任を負う立場にいる。

だから、すべての責任を引き受け、これが間違っていたら辞職しよう、と塚本は考えていた。府中三億円事件のときのあの悔しさを、部下には味わわせたくなかったのである。

早くも迷宮入りか

特捜本部の指揮を執ることになった緒方保範もまた、府中三億円事件の教訓を生かそうと考えていた。あのときには、警視庁始まって以来ともいわれる大捜査体制をとり、捜査員の数も最大時には二〇〇人を超えた。そして、膨大な情報量に振り回されて捜査員が右往左往を強いられたため、捜査活動が錯綜して、指揮を徹底することができなかった。緒方は捜査員の数を六三人の精鋭部隊に絞り込み、統一的な指揮のもとで、きめの細かい捜査を進めていく方針を立てた。

緒方は、最大の手がかりである遺留品を、まず二つに分類した。一つは、「犯行用具」。ヘルメット、マイケル・ジャクソンの人面マスク、スプレー、手袋、そしてビニール袋、サングラスなどで、これらは一味が犯行のために用意した物である。おそらく意識的に注意深く入手され、しかも犯人たちと共にあった時間はたいへん短いだろう。まして大量生産の時代に入り、物の製作・流通・販売からは人けが遠のき、機械的で素っ気なくなりつつあった。経験からいって、こうした品物からは、犯人に結びつく手がかりはほとんど出てこない。これに対して毛布と枕カバーは、犯人たちの「生活用品」である。これらは、ある程度の時間、犯人の生活と共にあり、彼らはこれにくるまって寝たかもしれないのである。だから、犯人により近いと考えられた。

とりわけ緒方が注目したのは毛布だった。タグのついたレンタル品である。これでリース会社とつながったわけである。そこでリース会社を調べると、遺留品と同じ型の毛布が全部で四九枚貸し出されていた。

「まあ、塚本さんが『六つの指紋』に絞ったのと同じで、私のほうも毛布に絞り込んだんですよ。無論、他の物も入手経路は洗ったけれども、私は、この四九枚の毛布をたどっていけばホシがいる、と思っていましたね」

緒方の指示で、刑事たちは毛布の貸出先を一つひとつツブシにかかった。しかし、これが難航した。すでに引っ越していて、転居先が不明な者がある。ホテルや会社に貸し出され、実際に誰が使っているのかわからないなどのケースが相次いだ。リースという形態の宿命である。刑事たちは、わずかな手がかりを頼りに、文字どおり足を棒にして都内周辺を歩き回り、靴を何足もはきつぶしながら、毛布の行方を追ったのである。

こうして、事件発生から七か月が過ぎた。塚本たちは、いつ果てるともしれない指紋照合を繰り返していた。緒方たちは、少なからぬ数の毛布の行方が、まだつかめていなかった。

世間の目は、日増しに厳しくなった。一部週刊誌などは、「早くも迷宮入りか」などと書き立てはじめた。失敗が許されないプレッシャーのなかで、塚本と指紋係のスタッフたち、そして緒方と特捜本部の刑事たちは、じっと耐えていた。

四　一八年目のリベンジ

様々な事情

昭和六二（一九八七）年八月、有楽町三億円事件の発生から八か月以上が過ぎた。殺人事件でも、まず四か月ほどで解決するのが普通だが、その倍以上たっても、三億円事件の捜査は依然として進展していなかった。

塚本宇兵は、警視庁鑑識課のデスクで、千円の新札券に残されていた「六つの指紋」を、じっと眺めていた。すでに何百回、何千回と眺めた指紋である。それぞれの指紋の形状や特徴点はもとより、隆線の一本一本にいたるまで、すっかり頭のなかに入っている。ここにホシがいるとの信念も揺らいでいなかった。ただ少し気になることがあった。普通の指紋に比べて、六つの指紋は大きく、やや肉厚なのである。犯人は大柄な男に違いない。そう塚本はにらんでいた。

そのとき、塚本に妻から電話が入った。塚本は第三機動隊にいた二四歳のとき、同郷の妻と結婚した。その後は二人の男の子が生まれ、いたって平穏な家庭生活を営んでいる。ただ一つ、結婚当初から塚本が妻に言ってきたことは、家庭のことは妻に任せて、自分は一生懸命仕事をする、心が乱れるし、仕事に迷いも出るので、何があっても勤め先には連絡をするな、話は帰ってからゆっくり聞くから、というものだった。だから結婚以来、妻からの電話は数えるほどしかなかった。ただ、今回の電話には心当たりがあった。案の定、塚本の妹・千枝子が亡くなったという報せだった。千枝子は、二か月ほど前から入院をしていた。末期の胃ガンだった。

母・たつが亡くなったとき、塚本は中学二年生、千枝子はまだ六歳だった。その後、塚本は千枝子を守って、貧しさと闘った。千枝子は我慢強い娘だった。塚本が自転車のうしろに千枝子を乗せて走っているとき、何かの拍子に千枝子が落ちて、顔を地面に打ちつけたことがあった。「泣くな、我慢しろ」と塚本が言うと、千枝子は健気にもぐっと涙をのみ込んだ。「ああ、強いな」と塚本は思い、いとおしくなった。六人兄弟のなかでも、いちばん絆の深い兄と妹だった。

その後、千枝子は、無事に成長して結婚し、二児にも恵まれて幸せな結婚生活を送っていた。地元の役場に勤めて、老人福祉関係の仕事をしていた。塚本の妻とも仲がよく、しょっちゅう遊びに来ていた。その千枝子が倒れたと聞いて病院に駆けつけた塚本に、千枝子はほほえんで言った。

「お兄ちゃん、仕事大変なんでしょう。ここに来ないでいいよ」

同じ公務員で、人一倍仕事にも打ち込んでいた千枝子には、兄が指紋の捜査に精根傾けているのがよくわかっていた。

それ以来、塚本は見舞いには行っていなかった。いま、千枝子が亡くなったことを聞いても、駆けつけたいのをぐっとこらえて、塚本は仕事を続けることにした。塚本は当時を振り返って次のように語る。

「妹は、(見舞いに) 来たって病気がよくなるわけでもないから、それより仕事をやっていればいい、ホシを挙げてほしい、と言うんだな。仕事を一生懸命やれば、いっときでも妹のことを忘れられるから、夢中で仕事をする。私は私自身の悲しみを、そんな方法で癒《いや》していたんだな」

一方、特捜本部の緒方ももがいていた。例の貸し出された毛布の行方はまだつかめず、朝から晩まで捜査報告書を繰り返し読んでは、考えをめぐらせていた。家に帰らないこともしょっちゅうだったし、たまに帰っても、家族とはほとんど話すことなく、ただ食事をし、眠りこけるだけだった。しかも胃の具合がよくない。どうも胃潰瘍にでもなっているらしかった。

そんな生活を送っているうちに、あれほどちゃんと出席すると約束していた、末娘・薫《かおり》の高校の卒業式をすっぽかした。しかも、すっぽかしたことに気づいたのは、卒業式から二、三か月もたってからだった。謝ろうと思ったが、家族はみな最初から父親が出席することなど期待さえしていなかったことを知った。当時を振り返って緒方は言う。

「父親失格だろうね。いったい何を考えてるんだろう、と思っていたんじゃないかな」

塚本も緒方も、それぞれの事情を抱えながらも、何よりも仕事に打ち込むタイプの、あえていえば昔気質《かたぎ》の男だった。二人ながら〝仕事の鬼〟なのである。

とはいえ、捜査が長期化するに伴い、捜査員やスタッフの士気が低下するのは避けがたい事態だった。指紋係では、一日中、根を詰めて照合して、それが徒労に終わったことを確認すると、ため息をついて顔を見合わせるメンバーが増えた。

ところで、通常、特捜本部とは、事件の起きた管内に置かれる。したがって丸の内管内で発生したこの事件も特捜本部は丸の内署に設置された。それに対して、鑑識課は都内のどこで事件が起ころうと、常に警視庁内を動くことはない。また、特捜本部で行われる会議に出席することもないので、捜査の進展状況などはまったくわからないわけだ。事件から九か月がたった当時、来る日も来る日も指紋の照合作業に追われていた鑑識課の空気はいら立っていた。誰もが府中三億円事件の屈辱を思い浮かべていた。「府中の二の舞になってなるものか」と思いながらも、嫌な予感が立ち上ってくるのを、どうしても打ち消せないのである。

特捜本部のトップである緒方がわざわざ警視庁内の鑑識課を訪ねてきたのは、まさにそのような気分が指紋係に蔓延しはじめたころだった。特捜本部のトップが鑑識課に足を運ぶのがいかに異例なことか、前述したように本部と鑑識課がまったく別の場所で別行動をとっているということからも理解できよう。前回の三億円のときには平塚八兵衛が来たが、あれは「怒鳴り込んで」きたのである。それまでの捜査一課は伝統的に鑑識を軽視する傾向にあった。だから、自然、指紋係のほうでも一課を快く思わなくなっていた。何となく、ぎくしゃくとした関係というのがいちばん当たっているだろう。

驚くメンバーたちに向かって、緒方は言った。

「刑事たちは、月に三足靴をすり減らしています。しかし、決め手は指紋です。あなたがたが頼りなのです」

そして緒方は、係の一人ひとりを回っては、「ご苦労さま。大変でしょうが、よろしくお願いします」と言って、頭を下げた。捜査一課へのわだかまりが消えていくのを、メンバーは感じていた。

「それまで、一課と鑑識課は、どうしてもずれたところがあったんですが、緒方さんが来て激励してくれたおかげで、一体になったと思うんですよ。チームワークというか、結束が固まったんじゃないかな。そして奮い立った。ようし、いっしょにホシを挙げてやろう、という気持ちになりましたね」

メンバーの一人、榎田益夫の述懐である。

塚本は緒方に席を勧めると、話しはじめた。このところ考えつづけてきたことである。

「緒方さん、犯人は大柄な人物です。外国人の指紋も持ってきてください」

五分と五分

緒方のもとに捜査員からの一報が飛び込んできたのは、事件発生から九か月後、そろそろ秋めいてきた九月のことである。

「四九枚の毛布のなかで、あと一枚だけ行方がつかめません」

捜査員たちは、ついに四八枚までの貸し出し先を突き止め、それらがシロであることを確認したのだった。残る一枚が貸し出された人間こそ、ホシではないか。

貸し出し先は麻布のウィークリー・マンションだった。住人は姿を消していたが、管理人の証言から外国人だとわかった。やはり、塚本がにらんだとおりだった。

消えた外国人は、事件の二週間前、マンション契約のため四五万円を現金で支払っていた。同じころに日本円に両替した外国人がいたかどうか、捜査陣はマンション周辺の金融機関をしらみつぶしに当たった。そして三日後、銀行が見つかった。両替の際に提出した国際免許証の控えには、フランス国籍の男が写っていた。

特捜本部は、直ちに免許証に書かれていた氏名をフランス政府に送り、犯罪経歴の資料提供など協力を要請したが、当然のことながら男は偽名を使っており、該当する者はいなかった。そこで、犯罪者リストのなかから、その国際免許証に使われている写真の男に似た人物の指紋を取り寄せた。

そして緒方は言った。

「あとは鑑識の仕事だ」

昭和六二（一九八七）年一〇月二八日、鑑識課では、フランスから届いた指紋の照合に入った。

照合を進めていた榎田益夫の手がピタリと止まった。その目は、ある指紋に釘づけになっていた。

「もう、胃袋が飛び出しそう、心臓が飛び出しそうだった。もとの指紋の特徴は、もうすっかり頭にインプットされているので、照合するまでもなく、間違うはずはないんですが、やはり間違っているんじゃないかと……」

榎田は、首席鑑定官の長谷川恭一郎にそっと耳打ちした。長谷川は、塚本を外のエレベーターホールに連れ出し、小声で告げた。

「符合しました」

部屋に戻ると、塚本は自らルーペをのぞいた。間違えるはずがなかった。一人のフランス人の指紋が、千円の新札券に残された「六つの指紋」の一つと完全に一致していた。犯人である。やはり、新札券についた指紋のなかに犯人はいたのだ。塚本の足が震えだし、止めようにも止まらなくなった。

塚本は、このときの気持ちを次のように語る。

「何といっても一八年続いた思いだからね、言葉では言いつくせない。府中の三億円のほうはたしかにダメだった。だから、有楽町の事件が起きたとき、これは草の根を分けても犯人を探さなきゃならないと思っていた。ここで取り返さなきゃ、もう取り返すチャンスはない、とね。これで、府中のリベンジは果たせたような気がしたな」

指紋照合の事実は即刻フランスの当局へ報告された。ただちに犯人が割り出された。三四歳のフランス人、身長一八〇センチを優に超える大男だった。麻薬取り引きや強盗を重ねるギャング団の一員で、数年前にコローの名画などを盗んだ強盗団の一味として、フランス警察も追及している男だった。

数日後、塚本は警視庁の廊下で緒方と出会った。

塚本は言った。

「勝負は引き分けですかね」

緒方（捜査一課）が遺留品を追いかけてホシを浮かばせ、それを塚本（指紋係）が一発で決めた。しかも、どちらも、捜査対象を絞り込んだ目には狂いはなかった。みごとな捜査だった。

緒方はうなずいた。

「五分と五分だ」

二人は固い握手を交わした。

半年後、ギャング団はＩＣＰＯ（国際刑事警察機構）によってメキシコで逮捕され、フランス当局へ引き渡された。

おじいちゃんと指紋の神様

捜査一課のすご腕刑事として名をとどろかせた緒方保範は、三七年間の刑事生活ののち、平成五（一九九三）年、警視庁を定年退官した。それからまもなく、一泊二日で伊豆高原へ出かけたことがある。これが家族全員での初めての旅行だった。

「これからは、お母さんをいたわってあげてね」

高校の卒業式をすっぽかされた娘の薫の言葉に、黙ってうなずいた。捜査一課の〝赤鬼〟は、いま、五人の孫に囲まれる優しいおじいちゃんになった。

指紋一筋に生きてきた塚本宇兵は、有楽町三億円事件を解決したのち、故郷・茨城にある妹・千枝子の墓に参った。墓前で手を合わせ、「仕事がまっとうできたよ」と妹に報告した。見舞いには行ってやれなかったが、きっと千枝子は喜んでくれているはずだと、塚本は思っている。

平成七（一九九五）年三月二二日、オウム真理教への一斉捜索が始まった。その突破口となったのは、塚本チームが発見した一つの指紋である。オウム信者が拉致事件の犯行に使ったレンタカー

「指紋の道を究めてみせる」――そう誓った日から、幾多の困難を塚本とともに乗り越えてきたルーペ。指紋に対する“熱き心”を持ちつづける限り、これからも塚本の傍らにありつづけるに違いない。

の申し込み用紙に残ったわずかな指紋を、塚本は見逃さなかったのである。

そんな塚本は、いつのころからか〝指紋の神様〟と呼ばれるようになった。

「そう言われると困るんだ。神様でも何でもない、ただの塚本宇兵ですよ。たまたま長い間、指紋をやらせてもらっただけだよ。でも、好きだということはあるな。指紋は黙っているけれどもウソをつかない、やればやるほど奥が深い。まだまだ解明したいことがあるんだ」

塚本は平成八（一九九六）年、警視庁を定年退官した。しかしいまも、警察庁指定の広域技能指導官として、その長い経験で培った指紋の世界を後進に伝えるべく警察学校の講師を務めるなど、指紋追究にいそしむ毎日である。

そんな塚本が、長い間使いつづけてきたルーペがある。

「指紋の道を究めてみせる」

そう誓った日から、幾多の困難をともに乗り越えてきたルーペである。塚本が、指紋に対する〝熱き心〟を持ちつづける限り、このルーペはいつも塚本の傍らにありつづけるに違いない。

通天閣　熱き7人

～商店主と塔博士の挑戦

写真提供：毎日新聞社

一　新世界にぽっかり穴が空いた

通天閣は、いまも大阪のシンボル

商都・大阪。キタやミナミの一大繁華街からさらに南に位置する、通称「新世界」と呼ばれる猥雑さの残る街の真ん中に、「大阪の灯」「お天道様」ともいわれる一本の塔が建っている。

通天閣。鉄骨むき出しの幾分くたびれたその塔は高さ一〇三メートル、エレベーターで展望台に上れば、大阪の街や遠く六甲の山並みに至るまで、三六〇度パノラマで見渡すことができる。

現在建っているのは、二代目。初代は明治四五（一九一二）年に建てられたが、昭和一八（一九四三）年の火災によって焼失していた。明治から戦前まで大阪一のにぎわいを誇った娯楽の街、新世界のシンボルとしてずっと親しまれ、大阪人の心に刻まれたランドマークだった。

戦後、かつては「夢の街」とまでいわれた新世界がどんどん衰退していくさまを目の前にして、そこで家族とともに暮らし、商売をする男たちが「夢よ、もう一度」とばかりに立ち上がった。

「わしらで、もっぺん、通天閣建てたろうやないか」

明らかに無謀な計画だった。言いだしたのは、街の古着屋、鰻屋、写真館、時計屋、質屋、氷屋、そして麻雀屋の主人たち。知識も金もない〝ど素人〟の集まりだった。まだ戦後まもなく、みなようやく自分と家族の生活を立て直そうとしていたころに、こともあろうに新しい通天閣を建てようなどといっても、誰も本気にはしなかった。

「そんなん本当にできたら、うどんで首吊ったるわ」

そう言われて笑われた。しかし、彼ら七人は本気だった。「新世界にかつての活気を取り戻すには、通天閣を再建するしかないんや」とばかり、意地とど根性だけでしゃにむに突き進んでいったナニワの商店主たち。

数々の困難を乗り越えて、新世界の七人は、ついに昭和三一（一九五六）年、二代目通天閣完成にこぎ着けることになる。東京タワーや名古屋テレビ塔、神戸ポートタワー、京都タワーなど日本を代表するタワーのなかで、通天閣は唯一公金の入っていない、新世界の人たちの出資した株を元に建てられた「庶民の塔」である。まさに庶民の街にふさわしいシンボルとして、いまも存在しつづける。

これは、通天閣の再建と新世界の復興を願った名もなき人々と、彼らの思いに応えた〝塔博士〟との、熱き再生のドラマである。

初代通天閣と新世界

新世界は、かつて大阪で最も〝モダン〟な街だった。

明治三六（一九〇三）年、JR天王寺駅に隣接する現在の天王寺公園一帯で、第五回内国勧業博覧会が盛大に催された。明治新政府の殖産興業政策を振興する目的により、全国から集められた工芸品や機械製品など国内物産の展覧会として開催された同博覧会は、明治一〇（一八七七）年に東京・上野公園で第一回が開かれ、明治二八（一八九五）年の第四回から場所を京都に移し、第五回の大阪では会期一五三日間、来場者数は約四三五万人を数え、過去最大規模だったという。

来場者の目と足を止めたのが、博覧会と同時につくられた本格的遊技施設「ルナパーク」だった。メリーゴーラウンド（当時は「快回機」と呼ばれていたという）や空中観覧車など、ハイカラなアトラクションが登場し、当時の人々を大いに驚かせた。

明治四四（一九一一）年、博覧会の跡地約四万坪が、同年七月に発足した「大阪土地建物株式会社」に貸与され、同社は大阪市と共同で跡地の再開発に着手した。美しい天王寺公園の美観を活かしながら、この一帯を市民のための〝理想的共同娯楽園〟にしようというのが、その構想だった。

お手本になったのは、世界で初めてジェットコースターが設置されたことでも知られる、ニューヨーク郊外の遊園地コニーアイランド。そして、新しい場所のランドマークとして、パリのエッフェル塔を模した高い「塔」をつくることが決まった。

明治45（1912）年、大阪で最も“モダン”な街・新世界の中心に完成したのが、初代通天閣。高さ75メートル、その姿は、パリのエッフェル塔を模してつくられていた。写真提供：毎日新聞社

明治四五（一九一二）年七月三日、総工費九万七〇〇〇円あまりをかけて、高さ七五メートルの巨大な塔「通天閣」が完成した。

ちなみに、通天閣という名前は、大阪土地建物社長で大阪商業会議所会頭でもあった土居通夫の「通」の字を採って、天に通ずる高い楼閣ということで名づけられたというのが長く通説であったが、二代目通天閣完成三〇周年に当たる昭和六〇（一九八五）年に、明治期の高名な儒学者・藤沢南岳の遺族から指摘を受け、南岳が大阪土地建物の依頼を受けて命名したのではないかという説がいまでは有力となっている。

エッフェル塔を模しただけでなく、左右に約七二メートルもあるアーチ状の脚の部分は「凱旋門」をイメージしていた。いわば凱旋門にエッフェル塔が乗っているような、よくよく見ると摩訶不思議な建物だった。アーチ部分の下に

は、新生ルナパークへ入園する道が敷かれており、見上げると天井には花園を舞う巨大なクジャクの絵が描かれていた（当時「日本の模倣文化の極致」と揶揄する指摘があったという）。
アーチの左右にある階段を上ると、地上一五メートルほどのところには広さ二〇〇坪の「空中庭園」がつくられており、そこから当時は珍しかったエレベーターに乗って展望台に向かう。東洋一といわれた高塔からの眺めの素晴らしさは、当時の文献にはこう記してある。
《塔上の展望に至っては恐らく何者も之に比儔《ひちゅう》すべきものなからん》
ルナパークと通天閣という目玉施設に加えて、芝居小屋や活動写真館、飲食店や売店も数多く建てられたまったく新しい娯楽の街は、土居通夫によって「新世界」と命名された。ドボルザークの『新世界交響曲』を思い起こさせる、モダンなネーミングだった。

焼け落ちた通天閣、供出

♪ダイヤモンド買おて、ダイヤモンド高い、高いは通天閣、通天閣こわい、こわいは幽霊……。

いまも大阪に伝わる古い童歌の一節だ。新世界を舞台にした映画『王手』（平成三〈一九九一〉年、阪本順治監督）のなかでも、ヒロインの加奈子がこの歌を口ずさむシーンが出てくる。

通天閣の経営は、昭和の初めに大阪土地建物から吉本興業に移った。昭和一七（一九四二）年の統計によれば、新世界には、映画館をはじめとする興行館一六軒、遊技場と麻雀屋四軒、撞球（ビリヤード）場三四軒、射的場三二軒。飲食店は大小合わせて三〇〇以上、そしてホテルや旅館も一九を数えた。近隣には市立天王寺動物園や飛田遊郭もあり、明治から昭和にかけて、関西圏を代表する一大歓楽街でありつづけた。

そんな新世界で、通天閣に集まる観光客を相手に写真を撮る〝笑顔の男〟がいた。曽和《そわ》繁雄、当時三七歳。和歌山県に生まれ、小学校卒業後、様々な職業の丁稚奉公を経験したのち、写真館に入門して撮影技術を身につけた。苦労の末、昭和元（一九二六）年にこの新世界で「ニコニコ写真館」を開業。昭和一四年に同じ和歌山県出身の妻・操と所帯を持った。夜九時には店を閉め、通天閣の下のうどん屋に立ち寄った。曽和が決まって頼んだのは、きつねうどん。甘い油揚げが大の好

昭和元（1926）年に通天閣の下で「ニコニコ写真館」を開業した曽和繁雄。曽和は、のちに通天閣再建プロジェクトのメンバーたちを、持ち前の笑顔でまとめていく。

物だった。曽和にとっては毎日が満ちたりた日々だった。

ところが、昭和一六（一九四一）年に勃発した太平洋戦争が、新世界、そして初代通天閣の運命を一変させることになる。

昭和一八（一九四三）年一月一六日、通天閣の脚下近くにあった映画館「大橋座」から上がった火の手が通天閣にも延焼した。鉄骨でできた四本の脚は真っ赤に燃え、鎮火後も消防隊が一時間にわたってホースで冷やさないと、近づけない有り様だったという。

焼け落ちた通天閣の運命は悲しいものだった。このまま放置しては危険だという理由もあったが、時は戦争の真っただ中、全国に広がっていた軍への「金属献納運動」の格好の標的となったのだった。翌二月にはさっそく解体作業が開始され、三〇〇トンものくず鉄となった通天閣は〝お国のために〟供出され、跡形もなくなった。新世界で生きる人たちはみな、なす術もなく無力感に打ちひしがれた。

まんじゅう屋の中山富貴子（当時一七歳、毛受富貴子）は、焼け落ちた通天閣を見たときの印象を、こう語る。

「やぁ、なくなってしもた。あの通天閣がなくなったいうような、なんか心に穴が空いたような、空虚な感じになりましたね」

昭和二〇（一九四五）年、終戦。大阪は八度にわたる大空襲によって、新世界をはじめ、いたるところ焼け野原になっていた。焼け出された人々は路頭に迷い、何とか生きる術を探し出そうと、もがいていた。

そんな焼け野原のなか、レンズや三脚を拾い集める男がいた。あのニコニコ写真館の曽和繁雄だった。店や写真機材の大半を失い、客を呼ぶ通天閣も消えた。曽和は、店員の山本マサエに弱音を吐いた。このときの曽和の様子を山本が語る。

「弱ったな、弱ったなていう話ばかりでね。通天閣をこしらえな、どうもならんということでね。一生懸命でしたわ」

それでも曽和は、バラックで商売を再開した。みな必死だった。

飲食店跡にはいくつものバラックが建ち、闇市ができ上がっていった。戦火を逃れて各地に疎開していた人たちや、戦後の混乱で家や職を失い、流れ着いた人たちが新世界に集まってきた。戦後の新世界は、かつてのこの街の隆盛をよく知る者と、まったく知らない新参者同士が共存する街になっていった。

かつての勢いを失った新世界

かつては客引きの三味線の音が「ジャンジャン」と鳴り響いたことから、「ジャンジャン町」「ジャンジャン横町」と呼ばれる通りで、古着屋を営む一人の男がいた。

雑野《ざつの》貞二、当時四一歳。のちに通天閣再建プロジェクトのリーダーとなる男である。戦前は新世界からほど近い西成区に居を構え、古道具屋、豆腐屋、劇場の売店など様々な稼業を転々としたのち、戦後は新世界に移って、衣料物資を仕入れてきて売りはじめた。もともと商売は得意ではなかったが、生きることに必死の毎日だった。

昭和二五（一九五〇）年、新世界の人々は徐々にかつての生活を取り戻しつつあった。この年、新世界が生んだ一人のヒーローを描いた芝居が、大阪で大ヒットした。

坂田三吉。村田英雄のヒット曲『王将』や織田作之助の小説『驟雨』のモデルとしても知られる、明治から昭和初期に活躍した天才棋士である。「銀が泣いている」という名ゼリフのごとく定石にとらわれない自由奔放な棋風と、関東のライバル・関根金次郎との名勝負によって、関西将棋界にこの人ありとうたわれた勝負師である。名人級の実力がありながら、存世中、中央棋界の名人位に背を向けていたところも、東京へ強いライバル心を持つ大阪の人たちのヒーロー像にふさわしいものだった。

芝居の一場面。ヒーロー・坂田が縁側で将棋盤に向かっている。舞台の背景には、新世界の街並みとともに、在りし日の通天閣が描かれていた。

芝居を見ていた雑野は、通天閣の書き割りが気になって仕方がなかった。そして思った。

「そうや、わしらの新世界には通天閣が必要なんや」

新世界は、徐々にではあるがかつての歓楽街としての活気を取り戻しつつあったものの、「夢の街」とまでいわれたころのにぎわいは望むべくもなかった。戦後の再開発は、国鉄（当時）大阪駅周辺のキタ地域、そして難波駅周辺のミナミ地域に重点が置かれていた。新世界は、このままでは

通天閣再建のプロジェクトが動き出した。リーダーとなった、古着屋の雑野貞二（右上）、ニコニコ写真館の曽和繁雄（左上）、鰻屋の竹守義雄（右中）、時計屋の小南直衛（左中）、氷屋の足立俊治（右下）、質屋の八木芳夫（左下）。

「過去の街」として取り残されていくかもしれないという雰囲気があった。

戦後に営業を始めた商店主らが中心となって結成された「新世界町会連合会」の会長となった雑野は、会の寄り合いなどで会員たちが頻繁に話し合う話題に耳を傾けていた。

「やっぱり通天閣がないとなぁ」

「欲しいなぁ」

「なんとかならへんやろか」

欲しいからといってすぐ手に入るものではない。しかし新世界の商店主たちは、半分は郷愁の思いから、そしてもう半分は街の復興の決め手として、通天閣再建の願いを共有しはじめていた。

連合会副会長だった写真館の曽和繁雄、時計屋の小南直衛、質屋の八木芳夫、氷屋の足立俊治、鰻屋の竹守義雄。みな思いはいっしょだった。

雑野たちは、連合会として市会議員を訪ね、地元の政財界に働きかけて、何とか新しい通天閣を建ててもらうよう頼んだ。しかし行政からは、「金も鉄も無駄にはできない」と、にべもなく断わられた。

「俺たちでは無理だ」と、メンバーは沈み込んだ。

二　通天閣再建プロジェクト始動

「わしが通天閣を建てたるわ」

新世界町会連合会の動きとは別に、たった一人で通天閣の再建を夢見ていた男がいた。知里正雄。当時三六歳。関西ではかなり名を知られた雀師だった。戦前、飛田遊郭で七軒の料亭を営んでいた知里末吉の次男として生まれた正雄は、新世界界隈を遊び場として育った。昭和一二(一九三七)年に徴兵され、昭和二〇(一九四五)年の一〇月に復員した。その間に通天閣が焼けたことは、父・末吉からの手紙で知っていた。

復員してすぐ西成区に店を借りて食堂を経営するが、失敗。好きこそものの上手なれとばかり、今度は新世界に麻雀屋を開業した。一三歳のときから始めたという麻雀は大人顔負けの実力で、少年の身でありながら新世界の麻雀屋にも出入りしていたという。

「あのころはよかったなぁ」

何軒もの映画館や芝居小屋が並ぶにぎやかな街の真ん中にそびえる通天閣。知里の記憶には、いつも通天閣のある風景がこびりついていた。

昭和二七（一九五二）年、麻雀屋の経営が軌道に乗りだしたころだった。空襲で料亭を失った父・末吉がとんでもないことを切り出してきた。

「通天閣を再建したいんやがなぁ。正雄、お前がつくれ」

末吉は手書きの図面を正雄に手渡した。それはいままで見たこともない塔の絵だった。知里は回

父親の強い思いを受け継ぎ、通天閣再建を夢見た麻雀屋の知里正雄。ほかの6人の商店主たちとともに奔走する。

顧する。

「最初は何をアホなことをいうとるんやと思いましたが、話を聞いてみると、親父は本気なんやというこことがよくわかったんです」

父の強い思いに引きずられて、知里親子は独自に場所の選定や設計図の作成などを進めていった。ある日、知里は町会連合会の役員会に、温めていた再建話を持ち込んだ。しかし、雑野は言った。

「あんたの話はわかったが、こっちでも話が進んどる。市会議員を立てて正式に役所に陳情しようという段取りもある。悪いが、通天閣は二本はいらんやろ」

町会にも入っていない麻雀屋の話なんて信用できないという雰囲気を察した知里は、とりあえず引き下がることにした。しかし、ひと言付け加えた。

「わかりました。ただ、そっちの計画がもし流れたら、きっとわしに連絡してください」

知里の耳にも、通天閣再建の話はあちこちから聞こえてきた。しかし、みな掛け声ばかりで現実味がなかった。こちらはちゃんとした設計図も計画書もつくっており、それなりの自信があった。知里は言う。

「きっとお鉢が回ってくるやろうと思ってました」

知里が話を持っていってから一か月くらいして、いつも朝風呂を浴びに行く銭湯で、知里はくだんの市会議員とばったり顔を合わせた。

「どないですか、再建の計画は」

知里はカマをかけた。すると、市会議員は言った。

「ああ、あれか。あれは流れた」

やっぱりな、と知里は思った。役所はキタやミナミの再開発で手一杯だった。ましてや新世界に、なけなしの税金を入れるわけなんかない。自力でやらなければいけないと思っていた。

「そんなら、わしがやってもかまいまへんか?」

「そりゃ、かまへんよ。やれるもんやったらな」

知里は泳ぐように銭湯を飛び出すと、雑野らのもとに向かった。

「あの計画、流れたらしいですな。そんならわしの計画見てください」

雑野らは断る理由もないので、知里の申し出に応じた。知里は父とともに考えた新しい通天閣の想像図を見せた。

「これはすごい」

「たしかに通天閣や。大したもんやで」

みな一様に驚きの声を上げた。これまでは話ばかりが先行していたものが、知里が持ってきた想像図によって、一気に再建が現実に近づいた気がしたのだ。

「みんなでやってみようやないか」

「そうや、そうや」

昭和二九(一九五四)年初夏、七人の男たちの気持ちが一つになり、通天閣再建への第一歩が踏み出された。

写真館の二階に集まった新世界の商店主たち

「通天閣ができたら、また人が集まってくるやろう」

「入場料を取ったら、元はとれる」

「昔みたいに広告塔にすれば、広告料も入ってくるから大丈夫や」

通天閣再建委員会を結成した七人の商店主たちは、曽和繁雄が経営するニコニコ写真館の二階に、連日のように集まるようになり、あれやこれやと議論を闘わすようになっていた。リーダーの雑野と、人一倍思いの強い知里は何かとぶつかったが、メンバーたちに「ニコニコの先生」と呼ばれ、笑顔を絶やさない曽和が、いつも間に入って話を収めていた。

ある日、メンバーの七人はある書類の到着を待ちわびていた。それは知里親子が考えた通天閣を実際に施工する際の見積もり書だった。知里が仮の設計図を書いてもらっていた地元の工務店に、改めて見積もりを依頼したのだ。

届いた見積もり書の総額を見て、みなため息混じりの声を上げた。一億五〇〇〇万円。大学出の初任給が一万円そこそこの時代、現在のレートからすると二〇億、あるいは三〇億円に匹敵する額であった。天文学的な数字だった。

ある程度は予想していたこととはいえ、あまりといえばあまりの大金に、鰻屋の竹守義雄は思わずつぶやいた。

「一生蒲焼きを売っても、追いつかんわなぁ」

基本的には街のみんなでお金を出し合って建てようという計画だった。しかし一億五〇〇〇万円もの大金となると、工費の一部しか賄えないことは明白だった。

しかもここは新世界。ただ金を出してくれと言っても、なかなか集まらないだろうという危惧もあった。「口はタダだから出す。しかし銭は簡単には出さん」というのが、この街の商人の常だったからだ。戦後にこの街に来た人のなかには、かつてのにぎわいも通天閣も知らないという人もいる。

雑野が言った。

「諦めたらあかん。とりあえず宣伝や。通天閣を再建することを大阪中に知らせて金を集めよう」

みな賛同し、広報担当の曽和を中心にさっそく街中に通天閣の再建計画を知らせた。

地域の住民にも説明会を行い、アンケートをとってみた。すると意外にも反応は上々だった。資金集めには、ぜひ協力したいという声が相次いだ。このアンケートの結果に気をよくした七人は思った。

「これはいけるでぇ」

しかし、話はそう簡単ではなかった。

「そんなもの建ったら、うどんで首吊ったるわ」

資金の話は、ひとまずめどはついた。しかしこの段階では、まだまだ絵に描いた餅でしかなかった。

まず、どこに建てるかという場所の問題があった。かつての通天閣が建っていた場所は、すでに別の建物が建っていた。

どこかに代わりの土地はないかと、七人は知恵を絞ったところ、一つだけぽっかりと空いたような場所があった。かつてのルナパーク内につくられていた噴水跡地。戦後は小さな公園になっていた。

「狭い気もするが、あそこなら建てられそうやね」

「でも、市の公園やぞ」

「だから提供してもらうんや」

「第一、建設の許可なんて下りるのか」

「そんなん言うたかて、新世界の真ん中いうたら、あそこしかない」

メンバーたちの役所通いが始まった。土地を管理する用地課、道路の使用許可を行う土木局、建設許可を行う建築局……煩雑な手続きと申請書類の多さに辟易《へきえき》した。知里は回顧する。

「最初は何をどうしたら許可がもらえるのかなんて、まったくわかりませんでしたから、もう大変でしたよ」

見たこともない申請書ばかりのため、不備を指摘されることもたびたびで、何度も書き直しを指示された。とにかく通って、慣れるしかなかった。何とか申請書は受理されたものの、許可が出る保証などどこにもなかった。

「公園に建物を建てるわけにはいかんなぁ」

実際に、役所の反応は鈍かった。

具体的に動いていけばいくほど、メンバーたちに焦りの色が濃くなっていった。もともと町内会が独自で進めるにはあまりに大きな事業であること、そして一億を超えるお金を集めるには、町内会という組織では対外的な信用が得られないのではないか……それぞれ商売はしていたが、七人はお互いが〝ど素人〟であることを思い知らされた。みな本業を放り出して、再建事業に没頭しつつあり、家族をはじめ周囲の風当たりは厳しくなるばかりだった。

いつものごとく、ニコニコ写真館の二階で、メンバーたちで今後の対策を話し合っていると、八木芳夫が突然切り出した。

「ただ、金を出してくれではダメや。そこでなんやが、株はどうや。株式を発行して、わしらで会社を設立するんや」

八木は、船場《せんば》の帽子屋で丁稚奉公をして小番頭まで勤め上げたものの、カトリックに傾倒して勤め人を辞め、新世界に移住して質屋を始めていた。メンバーのなかで唯一の勤め人経験者ならではのアイデアだった。

「株って言われてもなぁ」

いぶかるメンバーに、八木は続けた。

「株いうんは、約束手形みたいなもんや。わしらの計画に賛同してくれる人を探して、投資してもらうわけや。ただの寄付やのうて、将来配当があるとなれば、金を出してくれる人も増えるはずや。しかも会社組織にすれば、社会的な信用も増すやろ」

「そりゃ、ええことづくしやないか」

そうと決まると、話は早い。資本金は建設にかかる費用の一億五〇〇〇万円を目標とし、株の値段は一株当たり五〇〇円に設定した。当時としてはけっして小さい額ではなかったが、街の人々になるべく多く買ってもらうために、知恵を絞った。新しくチラシをつくり、投資を募ることにした。そのチラシの文面は、当時の知里の麻雀仲間だった新聞記者に依頼した。

《東洋一のタワーを再建しよう》

昭和二九（一九五四）年六月、名古屋にテレビ塔が完成していた。高さ一八〇メートル、まさに東洋一の塔であった。どうせなら名古屋に負けないものにしたい、東洋一の看板を取り戻したいと話し合っていた。七人の意気込みを込めたチラシを手に、男たちは街を歩いて回った。

「ただ寄付するのではなく、配当があるんですから」

「そりゃ、ええことですなぁ」

街の人たちの反応は、表面上は悪くないように見えた。しかし、そう簡単にことが運ぶほど、甘くはなかった。実際に金を出す段になると、新世界の人々は一筋縄ではいかなかった。

「投資するいうて上手いことというて、ほんまに建てれるんかいな」

「ど素人がそんな大層なことに手ぇ出して、金払って持ち逃げされたらたまらんわ」

いざ金を出すという段階で、賛同は疑念に、疑念は嘲笑に変わるようになった。ある者からは、

「お上や金持ちの力を借りずに、わしらにできるものか」と言われた。また、食堂の主人はこうも言った。

「そんなもんが建ったら、うどんで首吊ったるわ」

「逆立ちで新世界一周したる」

新聞でも「あてなき人々のはかない夢」と揶揄された。メンバーは落胆せざるを得ない状況に追い込まれる形となった。

「もう、やめたろか」

ニコニコ写真館の二階は、重い空気に包まれた。

「テレビ塔」なら、許可が下りる

ある日、市役所から呼び出しがかかった。市建築局長の伊東五郎からだった。

「ダメやという知らせやったら、どないしよう」

覚悟を決めて、雑野らメンバーは伊東のもとを訪ねた。伊東は通天閣の想像図を眺めながら、言った。

「たびたびの来訪で、あなた方の熱意はよくわかりました。しかし、許可を出すには目的が明確でなければダメなんです」

「目的というと？」

「いうなら、公共性です」

「公共性？　それはどういうことです？」

大阪市の建築局長・伊東五郎は、雑野らメンバーを呼び出し、言った。「まもなく大阪でも民間のテレビ局ができます。通天閣をそのテレビ局の中継塔に使うことができれば、話は早い」

「じつは、まもなく大阪でも民間のテレビ局ができます。そのテレビ局の中継塔として使うことができれば、話は早い」

建設省（当時）出身のエリート官僚で、戦後日本の復興の指揮を執っていた伊東は、雑野らのアイデアに興味を覚えていた。無謀な計画ではあるが、もし通天閣が再建できたら、大阪復興のシンボルになるかもしれないという淡い期待を持っていた。

メンバーたちは伊東に言われたとおり、テレビ局のつてを頼って、開局準備を進める大阪テレビ（現・朝日放送）の社屋を訪れた。応対に出たのは、初代社長の鈴木剛だった。雑野は一気にまくしたてた。

「わしらは素人です。難しいことは正直何もわかりません。ただ、何とか東洋一の塔をもう一度建てたいんです。協力してくれませんか」

銀行出身で、新しいテレビ局の経営に参画していた鈴木は言った。

「私もテレビという新しい分野では素人同然。会社もできたばかりの新しい会社です。お役に立つなら協力しましょう」

これで許可が下りるはずだと、メンバーは笑い合った。通天閣再建のプロジェクトは大きく前進した。

〈注・その後の情勢変化で、実際には二代目通天閣がテレビ塔として使用されることはなかった〉

三　ど素人七人と塔博士

〝塔博士〟と呼ばれた男・内藤多仲

メンバーにとって、次の課題は東洋一の塔にふさわしい設計者を見つけることだった。知里正雄は言った。

「心当たりがある。戦艦『大和』のマストをつくった日本一の設計者らしい」

知里の情報は、床屋で読んだある雑誌の記事だった（実際には「内藤がマストの設計をした」という記録はない）。「狭い甲板に高いマストをつくることのできる男なら、新世界の狭い土地にも名古屋のテレビ塔にも負けない東洋一の塔を建てることができるのではないか」と考えたのだった。その後、伊東五郎からも聞かされた高層建築の第一人者。その名は内藤多仲といった。

「引き受けてもらえるかどうかはともかく、まずは会いに行こうや」

知里正雄と雑野貞二、小南直衛の三人は夜行列車に乗り、内藤の住む東京に向かった。立派な邸宅に足がすくんだ。内藤が現れると、精一杯頼み込んだ。

「あなたのような一流の設計者に、わしらの夢を託したい。わしらは金も力もない雑草ですが、思いはあります。どうか力を貸してくれませんか」

三人はそこで初めて、内藤が若干二六歳で早稲田大学の教授になった日本一の〝塔博士〟であることを知り、またいつしかライバルと考えていた名古屋のテレビ塔の設計者でもあることを知った。

三人の熱意を、内藤は肌で感じていた。そしてこう切り出した。

「私でよければ力は貸しましょう。ただ、最終的には現場を見てから決めたい」

三日後に来阪してもらうことに話が決まった。一同は安堵しながらも、一つだけ内藤に念を押しておいた。

「先生、名古屋のテレビ塔よりは立派なのをつくってください」

内藤は約束どおり新世界に訪れた。しかし、建設予定地の公園を見るなり、驚いたような顔をした。同行していた助手の押川誠は証言する。

「土地が予想以上に狭かったので、さすがの先生も驚かれたというのが、正直なところだと思います。私自身も無謀な計画だと思いました」

公園の広さは約三五メートル四方。しかも、隣接する店舗がギリギリまで迫っていた。内藤はしばらく考えて、メンバーたちに言った。

「あなた方が考えるような塔を、この現場に建てるのは難しい」

内藤は、施工者の変更と、建設現場の広さに応じた設計の二点を示唆して帰京した。

メンバー一同は、名古屋に向かった。当時東洋一といわれたテレビ塔を見るためだった。名古屋が誇る「一〇〇メートル道路」の真ん中に脚を広げてそびえる、高さ一八〇メートルのテレビ塔を目の前にして、みなその高さと、塔の建つ敷地の広さに圧倒された。知里は思った。

「とてもうちの土地にこんな高い塔は建たん。単純な高さでは勝たれへんなぁ」

曽和繁雄は、一〇〇メートル道路やテレビ塔が名古屋の人たちの復興に懸ける思いの拠り所であ

名古屋テレビ塔、通天閣、東京タワーと、日本を代表する塔の設計を手がけた内藤多仲。内藤は、“塔博士”と呼ばれた男だった。

ることを感じ取り、気持ちを新たにした。

しかし、一行が展望台に上ってみると、確かに眺めは素晴らしかったが、いくぶん拍子抜けする感じもあった。本来テレビの中継塔としてつくられたこの塔の展望台は高さ九〇メートル、いわば中間地点につくられており、塔自体の高さほどの眺めではなかったからだ。

「よっしゃ、これならいけるはずや」

一行は急いで東京の内藤のもとへ向かった。雑野は内藤に言った。

「先生、高さではとても勝てんということはわかりました。ただ、向こうは展望台まで九〇メートルです。それなら一メートルでもええから、何とか展望台を九〇メートルよりも高くしてくれまへんやろか」

メンバーたちの熱意と粘りに押されて、内藤は言った。

「お気持ち、わかりました。他の街にはない庶民の塔をつくりましょう」

一同は喜んだ。

「これで東洋一の展望台になる。日本一の眺めや」

内藤はすぐに設計に取りかかった。庶民の塔にふさわしいよう、なるべく角張らず丸みをつけた展望台を描き、鯉のぼりや万国旗を翻させることのできるアームを付けた。そして狭い土地で塔を安定させるために、地下室を設けることにした。展望台は、名古屋のテレビ塔より一メートル高い九一メートルとし、東洋一の眺めを約束した。

押川は言う。

「先生は人情味のある優しさをイメージされていたようです」

「通天閣観光株式会社」設立

昭和三〇（一九五五）年五月。内藤に設計を依頼していよいよプロジェクトが実現に向けて動こうとしていた。そして、メンバーたちは肝心要の資金集めに奔走した。再建委員会の株式会社化に向けて、六月には会社設立のための株式の募集を行った。

最初の〝口約束〟の段階では、住民からだけで一億円近くは集まるんじゃないかと夢のような話をしていたメンバーたちだったが、その後の反応が厳しかったこともあり、まずは会社の設立資金として三五〇〇万円分の株だけを売ろうと考えていた。

数百軒の商店主が株を購入してくれることになっていた。ところが、一か月後の納入日、会計士が青くなってメンバーのもとにやって来た。そして言った。

「納入金がたりません」

不足額は、何と一〇〇〇万円。

「口では払うとあれだけ言っておきながら……」

会計担当の足立俊治は、歯ぎしりした。

新世界の人々の金に対する厳しさ、したたかさを前にして、どうしたらもっとスムーズに株券を買ってもらえるのかを話し合った。八木芳夫が言った。

「株に配当がつくことをわかりやすく、ちゃんと説明せなあかん。そうすればもっと金は集まるはずだ」

必死の説得とメンバー独自の金策で、同年七月、何とか満額の三五〇〇万円を集めることができ、会社は設立にこぎ着けた。社名は「通天閣観光株式会社」。雑野貞二が社長となり、知里正雄は取締役建設部長という肩書きを背負った。

本来は「通天閣株式会社」という社名にしたかったが、通天閣という名前はすでに商標として登録されていた。会社の名前と同時に、ハンカチや饅頭なども商標としてもすでに登録が済んでいた。塔の資金源にと考えていた土産品も、通天閣という名では登録することができなかった。こういう点でも、七人はやはり〝ど素人〟だった。

いずれにせよ、このままでは会社の設立はできないからと、一同はやむなく「通天閣観光」という社名をひねり出した。

建設業者が見つからない

通天閣観光株式会社は、いよいよ通天閣再建のスケジュールを実際に行動に移すこととなった。ところが、いきなりまたつまずくことになる。

内藤の薦めで見積もりを出した大手建設会社から届いた金額は、何と五億円だった。難しい工事でリスクも大きく、できればやりたくないといっているに等しかった。

「五億って……そんなんムチャクチャや。入場料をいくらにすれば、賄えるんや。とても無理やで」

住民以外にも広く集めようとしていた資金調達も滞っていた。戦後の大阪の再開発はキタがメインとなり、南部は斜陽地区と見なされて投資家に敬遠されていた。初代社長となった雑野は、夢が遠のく思いのなかでみなに言った。

「もう後戻りはできん。多少の不義理は仕方ないから、もっと安くやってくれる業者を探そうやないか」

メンバーたちは、再び見積もりを依頼するため大阪中の建設業者を訪ね歩いた。

そのなかで浮上してきたのが、新世界にほど近い阿倍野区に本社を構えていた奥村組だった。創業は明治四〇（一九〇七）年と古いが、もとは奈良にあり、大阪では新参の会社だった。公共事業関連の仕事が多く、民間の建築作業を請け負うことは少なかった。

当時奥村組の社長で、のちに通天閣観光の社長も務めることになる奥村太平は、話をもちかけられて迷った。当時の奥村組の資本金は一億四〇〇〇万円で、億単位の仕事を請け負うには体力がたらなかった。しかし、地元のよしみもあるし、通天閣再建という仕事そのものにはロマンもある。成功すれば会社にとっての財産になる。奥村は決断した。

とんでもない建設現場

昭和三〇（一九五五）年八月、二代目通天閣の建設が、ついに着工した。

現場を任されたのは島廣一、当時三四歳。島の所属する建築部は、土木がメインの奥村組のなかでは陽の当たらない部署であった。しかも、億を超える仕事をするのは初めてだった。島は言う。

「完成させる自信はありましたが、不安もありました。現場はとんでもなく狭いし、すぐそこまで店舗がせり出していましたから、作業には緊張が強いられるだろうと。工事が始まるとすぐ、えらいところに来たなと思いました。最初はたまげましたよ」

工事が始まると、重機の激しい振動で、新世界中の店が地震にあったように揺れた。現場にほど近い料理屋では、酒の杯がひっくり返るほどだったという。なかには柱が傾き、隙間が空いてしまう店も出た。

建設現場に家が近かった足立俊治は、奥村組の島とともに近隣の店に頭を下げて回った。そして何かと現場の作業員たちの面倒を見つづけた。

島はいつしか、この街に親近感を抱くようになっていった。ここに住む人たちの気さくで温かい人柄に触れて、この人たちのためにも、いい仕事をしようと考えるようになっていた。

一方で、奥村組内部は揺れていた。副社長の奥村多四郎は、この仕事に反対だった。それでなくても赤字の見積もりで、多額の工事経費を持ち出ししなくてはならないうえに、回収できる保証もないとあっては、役員としてひと言言わざるを得なかった。

役員会の席上で兄である社長と弟である副社長が口論になった。

「会社を潰すつもりか」

「公共事業ばかりやっていても仕方がない。これからは民間にも力を入れないといけない。通天閣をつくった会社となれば、将来の仕事にきっとつながる」

「それはわかるが、資金繰りはどうするんだ。回収できるのか」

メンバーは、奥村組の内紛を人づてに聞き、阿倍野区の本社に向かった。そして言った。

2代目通天閣の建設現場を任されたのは、当時34歳の島廣一だった。島は、通天閣の建設現場を初めて見たとき、「とんでもない建設現場だ」と思った。

「あなた方に逃げられたら、もう通天閣は建たない。わしらにとって通天閣は夢やけれど、あなた方にも名を上げてもらいたい。東洋一の塔が建てばきっと儲かりまっせ。儲かった金で工賃は必ず払うから、やってください」

工事は無事、継続されることになった。

不慮の事故を救ったナニワ魂

再建プロジェクトがスタートして二年が過ぎ、社長の雑野をはじめ、メンバーの生活は完全に通天閣観光株式会社を中心に回っていた。

血尿が出るほどプロジェクトに奔走していた雑野だったが、本業の古着屋は完全に家族まかせになっていた。長女の笑子は言う。

「父は当時、疲れきっていました。家族も本人も限界だと思いました」

曽和のニコニコ写真館も、主人不在の状態が続いていた。店員だった山本マサエは言う。

「私はただの事務員だったんですが、お客さんが来るから、写真は撮らないといけないので、仕方なく私がシャッターを押すようになりました。カメラなんて扱ったことないのにねぇ（笑）」

知里の麻雀屋も妻の久子が切り盛りしていたが、お嬢様育ちだったという久子には重荷だった。売り上げは激減し、店はいつ潰れてもおかしくない有り様だった。久子は言う。

「大変でしたよ。もし通天閣が建ったとしても、そんなん見たくないとさえ思った時期がありましたね」

家族もまた、必死だった。

工事が進み、鉄骨が日に日に組まれ高くなっていくと、新世界の人たちの様相が変わりはじめた。

「お父ちゃん、あれ何や?」

「通天閣やがな」

「えらいもんやなぁ。ほんまにできよる」

「今日はどこまで延びましたかいな」

みな、工事現場を見上げては会話を交わすようになっていた。本当に建つかどうかわからないからと、株を買うことをためらっていた人が、これは本当に建つかもしれないと思いはじめた。この時期に株を買ったある住民は言う。

「最初は信用してへんかった。どうせ嘘っぱちやろうと。でも、実際に建ちはじめたのを見たら、これはほんまや、われわれが金を出せば建つんやなと思いましたわ」

新世界に漂う空気が、明らかに変わっていった。曽和は思った。

「わしらにも、できるんや」

工事開始から約九か月、鉄塔の組み上げが八割方終わろうとしていたある日、プロジェクトメンバーや奥村組の建設スタッフが最も恐れていた事故が起こった。

「しまった!」

内藤が設計したアームの工事中のときだった。地上九〇メートルのところで作業をしていた鳶の職人が、うっかり鉄骨を締めるボルトを一本落としてしまったのだ。落下したボルトは風に流されて、運悪く現場下を歩いていた住民の頭を直撃した。

現場近くで食堂を経営していた住田文夫だった。五万円分の株を買っていた株主でもあった。その場で血を流して倒れた住田は、救急車で病院に運ばれた。

「えらいことになった」

現場監督の島は青くなった。最悪工事中止もありうる事態だった。

約35メートル四方という、とんでもなく狭い建設現場。隣接する店舗がぎりぎりまで迫っていた（上）。工事が進み、鉄骨が日に日に高く組まれていくと、新世界の人たちも次第に完成に向けて興味を持ちはじめた。

病院に駆けつけたプロジェクトメンバーたちは、助かってほしいと願った。しばらくして気絶していた住田が息を吹き返した。住田はメンバーたちの顔を見て言った。

「まぁ、ええわ。我慢したる。わしのこの頭一つで通天閣が建つんなら安いもんや。あんじょう頼んまっさ」

戦後新世界に移り住んで食堂を開いていた住田は、この街の商売のしやすさ、人の気安さを知っていた。それだけに、自分のために建設が止まるのは嫌だった。メンバーたちはみな、ほっと胸をなでおろし、住田に頭を下げた。

住田の長女・広美はこう証言する。

「以前父から、あのときけがして、はげができてもうたけど、俺の頭が通天閣の役に立ったんやと聞かされました」

二代目通天閣完成

昭和三一(一九五六)年七月、二代目通天閣がついに完成に近づいた。タワー建築としては超特急の工事だった。開業は三か月後の一〇月二八日と決まった。

「いよいよやな」

メンバーたちは、目の前にある東洋一の展望台を見上げて、感慨にふけった。

曽和はどうしてもやっておきたいことがあった。写真館に帰ると、二年あまりもずっと放っぽりぱなしだった息子の勝を呼んだ。

「おい勝、行くぞ」

向かった先は、まだ誰も足を踏み入れていない、通天閣の展望台だった。非常階段を、息を切らしながら一歩一歩、二人で上った。展望台に着くと、勝はすぐに写真館の場所を探した。

「あ、あれがうちや」

はしゃぐ息子を見て、父はうれしそうに笑った。勝は回顧する。

「あの日のことはよう忘れませんね。ほとんど構ってもらったことがなかった父でしたが、展望台

昭和31（1956）年7月、2代目通天閣がついに完成した。商店主7人の熱き思いがかない、そしてナニワのシンボルがよみがえった。写真提供：毎日新聞社

に上ったら、自慢げにいろいろと説明してくれましたよ」

知里も、苦労をかけつづけた妻・久子を誘った。高所恐怖症気味だった久子の手を無理矢理引っ張って、屋上の非常階段まで連れていった。久子は言う。

「あまりの高さに目がくらんで、怖くてあまり覚えてないんですよ（笑）。私はなんでこの人と結婚したんだろう、私の人生はよかったんやろかとか、いろいろ考えながら、ひたすら怖がってましたわ」

本業も家族も捨てて、夢に向かった男たち。この日ばかりは誇らしい気持ちになれた。

よみがえったナニワのシンボル

昭和三一年一〇月二六日。開業に二日先がけて、通天閣全体に取り付けられた閃光電球二万個を発光させたうえでの撮影会および発表会が催された。午後六時、大阪中の人々が歴史的な瞬間を間近で見ようと、新世界に集まってきた。通天閣の周りは人でごった返した。初代の二倍に近い高さの通天閣に灯が入ると、観衆は一斉に「おーっ」と声を上げた。かつての大阪のシンボルがよみがえった瞬間だった。

帰りは四階から下りのエレベーターに乗って一度三階に下り、食堂や売店を一周しなければならない構造にしてあった。二分間一〇円の有料望遠鏡も設置するなど、ナニワの商人ならではのしたたかな営業戦略が盛り込まれていた。

初代にあやかって広告塔にしようという計画は、権利金六〇〇〇万円、年間広告料四五〇万円という高い設定料金のためか、開業時には間に合わなかった。初代通天閣に広告を出していたライオン歯磨（現・ライオン）は早々に辞退するなど、なかなか広告主が見つからなかった。当初は関西圏の会社に広告主になってほしいという思いがあったものの、次第にそうした余裕はなくなって、結局権利金ゼロ、年間広告料三〇〇万円を一〇年分前払いという大幅に譲歩した条件で、東京の日立製作所と昭和三二（一九五七）年四月に契約する運びとなった。日立のネオン広告は、現在もなお通天閣の主塔に取り付けられている。

戦後すっかり人の足が遠のいていた新世界に、明らかに人が戻ってきた。一日当たりの人出は約五万人にもなり、新世界の地代や店の権利金は大幅に上昇した。株を買った商店主たちはみな喜びを噛みしめた。

その夜、メンバー七人は二年間集まりつづけたニコニコ写真館の二階に誰からともなく集まった。お茶で乾杯しながら、「よかった、よかった」と言いつづけた。知里は仲間の笑顔を見ながら、込み上げるものを抑えつつ飲みつづけた。

庶民が建てた庶民の塔として

二代目通天閣開業からわずか二年後、あの内藤多仲が設計した高さ三三三メートル、世界一の高さを誇る東京タワーが完成し、「東洋一の展望台」という称号はあっさり奪われてしまった。その後、大阪は万博、花博などを経て、大きく生まれ変わった。キタやミナミをはじめ、ＪＲ京橋駅周辺の大阪ビジネスパークや、ユニバーサル・スタジオ・ジャパンなどを擁するベイエリアの開発などが進み、現在の新世界はすっかりレトロな雰囲気漂う地味な街になった。次々と新しいランドマークが建てられたこともあり、通天閣を訪れる人も多くはなくなった。それでも〝庶民が建てた庶民の塔〟という唯一無二の存在は、大阪の人の心に、いまなお深く刻まれている。

ジャンジャン町にある雑野の古着屋は、いまは子ども洋品店として孫の祐史が守りつづけている。曽和の写真館も、息子の勝が守っている。

今年九〇歳になる曽和の妻・操は、いまも通天閣に上るたび、亡き夫のことを思い出すという。

平成一三（二〇〇一）年九月、通天閣の塔頂部に取り付けられていたタイムカプセルが、プロジェクトメンバーの子孫らによって開かれた。タイムカプセルは大きな茶壷で、なかには、リーダーの雑野が記した二本の巻き物が入っていた。再建までの二年六か月におよぶ歩み、そして再建に携わった人たちの功績や苦心談が克明に記録されていた。長さ一三メートルにも及ぶ巻き物の冒頭には、こう記してあった。

《通天閣の再建なくして新世界の繁栄は生まれず》

曽和の息子・勝は、巻き物のお披露目の模様を、ひたすらカメラに収めた。巻き物には父のことが書いてあった。

《曽和繁雄さんは誠の人である。通天閣の再建は、その奮闘努力によるものである》

ふと、いまは亡き父が言っていた言葉を思い出した。

「新世界の人たちはな、通天閣に守られてんのや。ずっと上から見守ってもろてるのやから」

ファインダーをのぞく勝の目からは、涙が溢れて止まらなかった。ひたすらシャッターを切りながら、「父さん、よくぞ建ててくれた。ありがとう」と心底思った。

8ミリの悪魔VS特命班

～最強の害虫・野菜が危ない

一　日本の野菜が危ない

異様な建物の正体

青い空と海が広がる沖縄。その玄関口、那覇空港から車で三〇分、道路がすべて古い石畳となっている美しい町がある。沖縄県那覇市金城町。四〇〇年前に栄えた琉球王国の町並みが、ところどころ当時のままに残っている町である。どこまでも続く白い石畳。両脇には、赤い瓦で屋根を葺《ふ》いた沖縄独特の民家が立ち並ぶ。琉球王朝時代に建てられた建物もあるという。

カツーン、カツーン、カツーン。石畳は歩くと心地よい音を響かせた。

「数百年前の琉球人も、同じ靴音をたてて歩いていたに違いない」

そんな感慨に浸りながら歩みを進めていると、突然、巨大な建物が目に飛び込んできた。それは、周囲ののどかな風景から完全に浮き上がっていた。縦横数百メートル。壁は一面のクリーム色。できた当初住民が、「政府の秘密基地ではないか」と大騒ぎしたのもうなずけるほどの異様さだ。しかし、これこそがいまから二九年前、日本を揺るがした恐るべき悪魔との闘いの前線基地となった建物だった。

悪魔の名前は「ウリミバエ」。世界最強、最悪の害虫だった。えじきとなる野菜はじつに二〇〇種。世界中で被害をもたらしていたものの、有効な退治方法はないといわれていた怪物だった。

未曾有の惨事発生

その悪魔は、沖縄が本土復帰を果たした昭和四七（一九七二）年、突如海を越え沖縄の地に飛来した。そして、瞬く間に数を増やし、島が育む豊かな野菜を食いつくした。

キュウリ、トマト、ナス、カボチャ。さらには、トウガンやゴーヤー（ニガウリ）などの沖縄野菜も次々とえじきとなった。その結果、沖縄野菜の収穫量はウリミバエ上陸前に比べて激減してしまう。沖縄にとって未曾有の惨事となった。

このとき、沖縄の人々が受けた衝撃は察するにあまりある。沖縄には古来から、盆に沖縄野菜を供えて、先祖の霊を供養する習慣がある。沖縄野菜は、沖縄の人々にとって「魂の野菜」なのだ。

ウリミバエによって畑のゴーヤーが全滅した農家の人が語ってくれたそのときの様子は、まさに地獄絵図だった。

「朝起きると、まず畑に飛び出して、できたばかりのゴーヤーの実を割ってみるんです。すると、なかからうようよとウリミバエの幼虫が出てくるんですよ。もちろん、実のなかは幼虫に食い荒らされて、ぐちゃぐちゃです。その幼虫が、目の前で実を食いつづけるんです。『わが物顔で』という表現がぴったりでした。それを見ていると、悔しくて、憎くて、卒倒しそうでした。そんなことが毎日続きました。結局、その年、うちの畑のゴーヤーは全滅しました。ご先祖様に顔向けができない、と妻と泣き暮らしました」

日本中の野菜に迫る危機

しかし、ウリミバエの問題は沖縄だけに留まらなかった。沖縄中の野菜を食いつくすと、悪魔は不気味に北上を始めたのである。島づたいに九州、そして本州へと上陸する可能性が出てきた。そのときまでに増殖したウリミバエの数は、何と三億匹。日本中の野菜に壊滅の危機が迫った。

昭和四六（一九七一）年、切迫した命令が、農林省（現・農林水産省）から沖縄に発せられた。「何としても沖縄でウリミバエの北上を食い止めてほしい。そして、日本の農業を守ってほしい」

この瞬間、日本中の野菜の命運が、沖縄での闘いの帰趨に託された。そしてまもなく、沖縄で悪魔と闘う特命プロジェクトチームが結成された。

プロジェクトのトップには、日本を代表する昆虫学者が派遣された。その下に、沖縄で生まれ育った男たちが集まった。

そのうちの一人、与儀喜雄《よぎよしお》は、プロジェクトに参加したときの身震いする感覚をいまも忘れられないと言う。

「よく、『武者震いじゃなかったのか？』と言われます。しかし違うんです。恐怖感でした。ウリミバエは、防疫に携わるものであれば、誰でも知っている悪魔です。その悪魔と、日本の農業の命運を背負って闘うわけです。勝ち目のない戦争に、一人打って出るような気分でした」

特命チームは、沖縄本島に闘いの前線基地をつくった。その基地こそが、冒頭で紹介した謎の建物である。そしてプロジェクトメンバーは、とんでもない退治方法で、悪魔との不眠不休の闘いに乗り出した。

その闘いの日々は、いまだに沖縄の人々の間で「第二の沖縄戦」と語り継がれる、壮絶なものとなったのである。

本土復帰前の期待

物語の始まりは、昭和四五（一九七〇）年にさかのぼる。

当時沖縄は、琉球政府と呼ばれていた。人々が話す言葉は、日本語。しかし、通貨はドルで、走る車は右側通行。戦後のアメリカ統治が続いていた。

この年、沖縄は沸きに沸いていた。前年一一月にワシントンで行われた日米首脳会談で、二年後の昭和四七（一九七二）年、本土に復帰することが正式に決まったからである。

沖縄の人々は、本土復帰を長く切望していた。それは、「復帰によって、沖縄と本土の経済格差を埋めたい」という切実な思いからだった。

当時、沖縄の平均所得は、本土の三分の二に過ぎなかった。沖縄がアメリカに占領されていた一九六〇年代、本土だけが未曾有の経済成長を遂げていた。

「復帰したからといって、とてもその差はすぐには埋まらない」

当時、本土の人間の多くはそう考えた。しかし、沖縄には切り札があった。

温暖な沖縄では、一年を通して野菜が取れた。キュウリ、キャベツ、カボチャ、ピーマン。本土では珍しいゴーヤーやトウガンなどの沖縄野菜もあった。沖縄野菜は、本土の野菜に比べ気候条件などに恵まれているため、桁違いにビタミンが豊富だった。しかもいくらでも取れた。

しかし復帰前まで、沖縄野菜はあくまでも「アメリカ産」扱い。当時日本は、外国産野菜の輸入を厳しく制限していた。本土復帰が果たされれば、国内産の野菜として、自由にいくらでも出荷して安く販売できた。

「沖縄野菜は、間違いなく新しい産業に育つ」

県民の期待は膨らむ一方だった。

沖縄農業の番人・与儀喜雄

そんななか、ある使命を帯びて沖縄の島から島へ野菜畑を歩き回る男がいた。男が畑を見る目は厳しかった。農民一人ひとりに声をかけては、野菜の葉っぱ一枚、一枚を注意深く観察していた。

男の名前は、与儀喜雄、当時三五歳。琉球政府の植物防疫官だった。沖縄本島に、外国や他の島から農作物に有害な虫や病気が入り込まないよう、港や空港でチェックすることが主な仕事だった。もし害虫が発生した場合は、その対策も請け負った。沖縄農業の番人ともいえる男だった。

このとき与儀は、本土復帰を前に沖縄本島に「ある害虫」が入り込んでいないか確認する作業に追われていた。害虫の名前は「ウリミバエ」。世界最悪の害虫だった。

8ミリたらずのこの害虫。学名をバクトロケラ・ククルビータエといい、黄色地に褐色の縞がある見かけのうえでは「美しい」ハエである。しかしこのハエに一たび卵を産みつけられると、野菜

琉球政府の植物防疫官・与儀喜雄。沖縄農業の番人ともいえる与儀は、本土復帰を前に、沖縄本島に「ある害虫」が入り込んでいないか確認する作業に追われていた。

は孵化した幼虫に食べられ、瞬く間に腐ってしまう。しかも卵を産みつける野菜の種類は何と二〇〇種以上。キュウリ、カボチャ、ピーマン、トマト、ナス、ヘチマ、スイカ……。われわれが食材とする野菜の多くがえじきになってしまう。

さらに、その繁殖力がすさまじい。一匹のメスが、生涯（二～三か月）に産む卵は一〇〇〇個。それがわずかひと月ほどで成虫となり、再び一〇〇〇の卵を産む。異常なまでの繁殖力である。そのため一度侵入を許したら根絶させることは不可能。畏怖の念を込めて、ウリミバエを「8ミリの悪魔」と呼ぶ専門家までいた。

この悪魔は、さかのぼること半世紀前、大正八（一九一九）年、日本の領土に初めて侵入した。上陸したのは沖縄最南端、八重山諸島。

ウリミバエは、この地であっという間に数を増やし、島中の野菜を食いつくした。そのとき農家の人々たちができたのは、野菜を新聞紙で覆うことだけだったという。

その後、そんな農家の人々を嘲るがごとく、ウリミバエは島から島へと飛来、北上を続けた。西《いり》表《おもて》島、小浜島、石垣島……。次々と島の農業を壊滅させ、わずか一〇年後の昭和四（一九二九）年には、沖縄本島の南三〇〇キロ、宮古島まで達した。

ウリミバエの侵入を許した島では、野菜はつくる先から食べられ、売り物どころか人の口に入ることすらなかった。島民たちは貧しい暮らしを強いられた。

のちにウリミバエ対策特命チームのメンバーとなる仲盛《なかもり》広明は、石垣島の農家の出身である。仲

ウリミバエの成虫。黄色地に褐色の縞がある、外観は美しいハエだが。
写真提供：ネイチャープロ

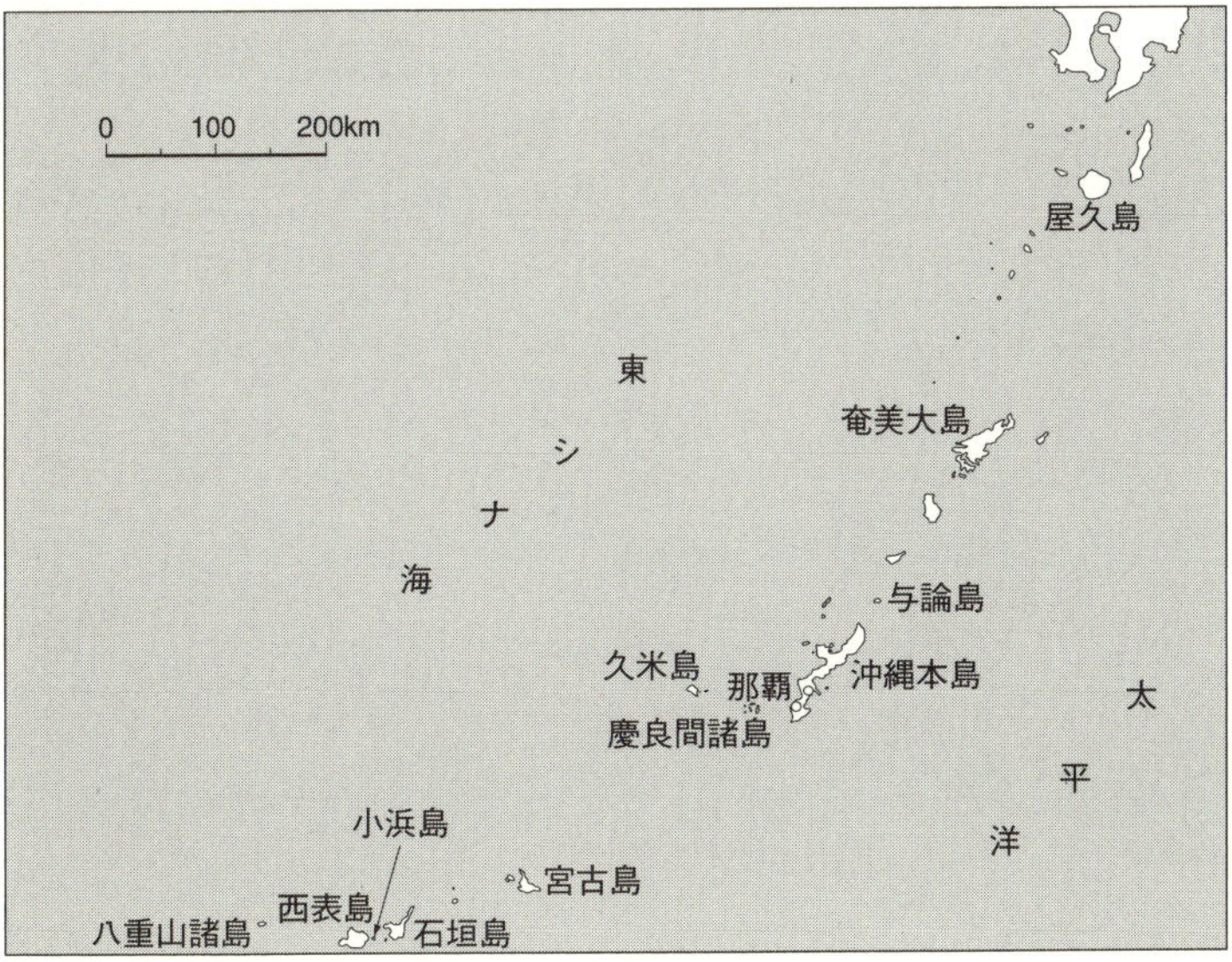

盛が語る子どものころの話は衝撃的だった。

「本土の人は、沖縄の人はみな、ゴーヤーチャンプルーを食べているると思っているんじゃないでしょうか。しかし、私は石垣島で生まれ育った人間ですが、じつは、琉球大学に進学するため沖縄本島に初めて行った一八歳まで、ほとんどゴーヤーチャンプルーを食べたことはありませんでした。石垣島は、戦前にウリミバエの侵入を許したため、ゴーヤーはほとんど取れなかったからです。だから、東京で『沖縄料理』＝『ゴーヤーチャンプルー』みたいなことを言われても、ピンと来なかったですね。何をつくってもウリミバエの餌をつくっているようなものですから、われわれはウリミバエの奴隷みたいだって自虐的に言っていました」

ウリミバエの通った南の島々は、「ぺんぺん草も生えない」惨状に陥っていたのである。

使命感と人情のはざまで

そんなウリミバエが沖縄本島に侵入していないか調査する――それが与儀の仕事である。与儀は、重苦しい気分だった。このとき、与儀の調査には沖縄農業の未来が懸かっていたのである。

沖縄が本土復帰を果たすと、その瞬間から日本の法律「植物防疫法」が施行される。その法律によれば、一匹でもウリミバエが見つかれば、その島からは本土に野菜を持ち込むことは一切できない。

沖縄本島は、沖縄野菜の全生産量の八割以上を占める最大の産地である。だから、もし沖縄本島でウリミバエが見つかり、野菜が本土に持ち込めなくなれば、「野菜生産を新たな産業にする」という県民の悲願は、打ち砕かれてしまう。与儀は当時の思いをこう語る。

「自分の肩に、沖縄県民全員の期待がのしかかるようなプレッシャーを受けていました。毎日、畑を見るたびに、見つからないでくれって祈っていました。もし侵入していれば、手だてはないわけですから。情けない話ですけど、祈るしかなかったんです。ただただ毎日、見つかったらどうしよう、という恐怖感との闘いでした」

船が主たる交通手段だった当時、ウリミバエ最大の侵入口になると想定されたのは港だった。南の島々と沖縄本島との最大の接点である。港には何十人もの植物防疫官が配置されていた。そのなかに畑のチェックを終えると、与儀も馳せ参じた。

連日、宮古島以南の島々からやって来た人々が野菜を持っていないか、厳しいチェックが行われた。それらの島から沖縄本島への野菜の持ち込みは、一切禁止された。持ち込まれた野菜に幼虫が一匹でもついていれば、それがあっという間に、沖縄本島で広がる危険があったからである。

その日与儀は、宮古島からの乗客に目を光らせていた。すると、船から降りた一人の老婆の持つ風呂敷包みに目が留まった。不自然な膨らみがあった。

「野菜を持っている」

与儀はそう直感した。そして老婆に近づくと、うしろから静かに声をかけた。

「その風呂敷を開けてください」

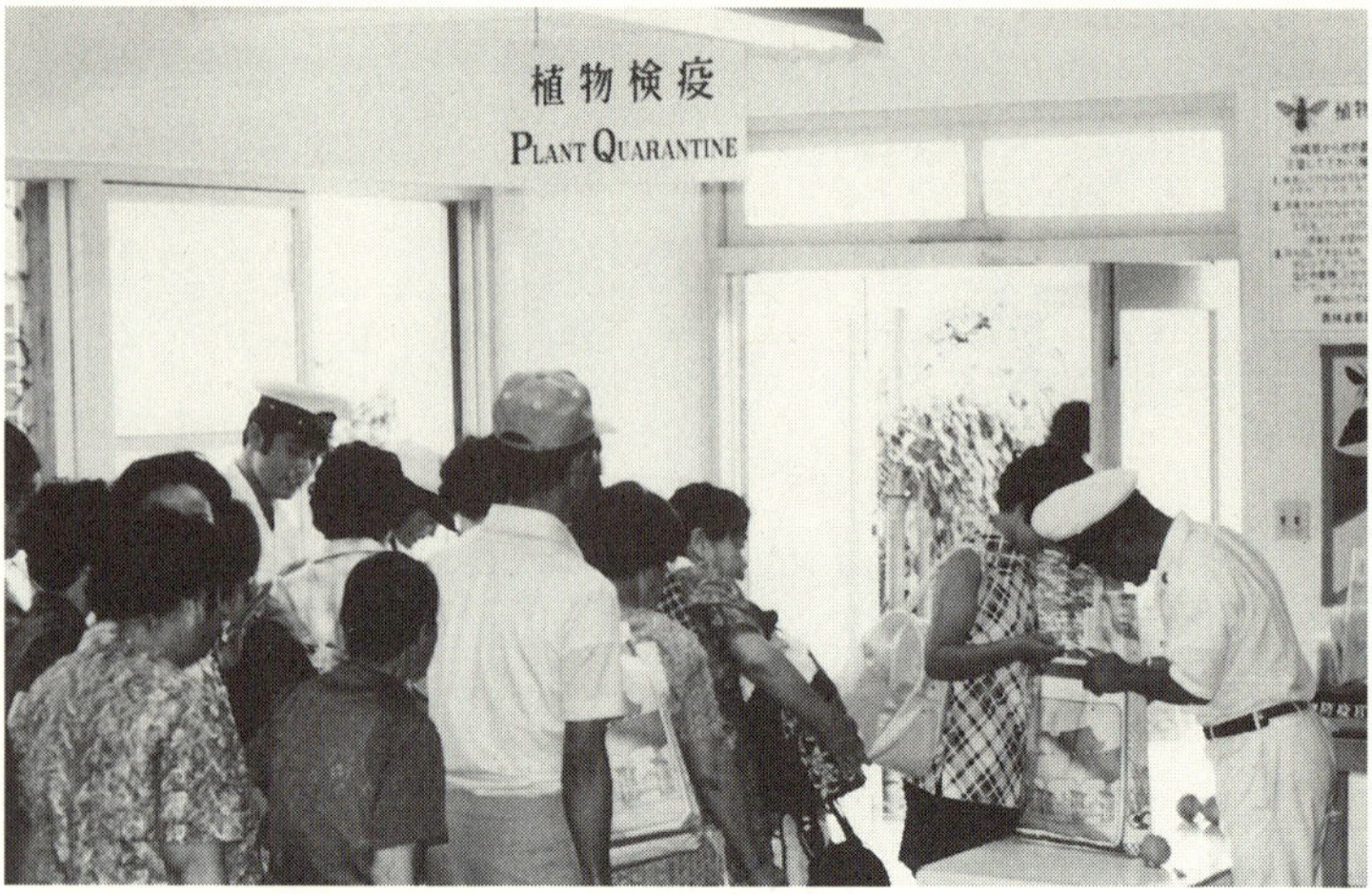

ウリミバエ最大の侵入口になると想定された港には、何十人もの植物防疫官が配置され、連日、宮古島以南の島々からやって来た人々が野菜を持っていないか、厳しいチェックが行われた。

風呂敷からトウガンとゴーヤーが、一個ずつ出てきた。与儀がにらんだとおりだった。

「規則なので」と言って、与儀は取り上げた。するとと老婆はすがって言った。

「そのトウガンとゴーヤーは、那覇にいる息子に食べさせる野菜だ。家の畑でウリミバエの被害に遭わなかったのは、それだけなんだ。息子に食べさせるだけだ。返してください」

そして、「息子にゴーヤーチャンプルーを食べさせてあげたいんです」と言って、泣き崩れた。

与儀はたまらなくなった。老婆の気持ちが痛いほどわかったからである。

与儀もまた沖縄の農家の出身だった。父は戦後、台湾から引き揚げてきて、戦争で焼け野原となった大地を耕し、農業を始めた。そして稲作などをやりながら、苦労して与儀を大学まで行かせてくれた。

与儀は、当時のことを「決して豊かではなかったけれど、楽しい生活だった」と言う。そんな生活のなかで、家族団らんに欠かせなかったものが、優しい母がつくってくれたゴーヤーチャンプルーだった。近所の農家で取れたゴーヤーを分けてもらい、先祖代々受け継いできた味つけでつくるゴーヤーチャンプルー。栄養に満ちたそれは、与儀にとってまさにおふくろの味だった。

「私も、若いころ一時、東京で暮らしていたんですが、東京で一人寂しく暮らしていると、本当に、おふくろの味、ゴーヤーチャンプルーが恋しくなるんですよね。だから、おばあちゃんがゴーヤーチャンプルーを息子につくってやりたい、という気持ちももちろんわかりましたし、息子がそれを楽しみに待っているんだろうなということもわかりました。つらかったですよ」

しかし、一人だけに野菜の持ち込みを許すことなどできるはずもない。与儀は心を鬼にして、老婆の持つゴーヤーとトウガンを取り上げた。すると老婆が叫んだ。

「お前が食っちゃうんだろう。泥棒!」

与儀が当時を振り返って言う。

「毎日そんなことの繰り返しでした。あるときは、石垣島からやって来た老人がスイカを持っていたので、取り上げようとしたら、『お前に食べられるくらいなら』って叫んで、目の前で割られました。いくら沖縄にウリミバエを侵入させないという役割を負っているとはいえ、あまりにつらくて、毎日仕事が終わると、仲間とヤケ酒を飲んでいました」

港で野菜を取り上げては燃やす毎日。背中には、取り上げられた人たちからの罵声が飛んだ。しかし与儀は、「これが、沖縄のためになるんだ」と必死にこらえつづけた。

闘いの幕開け

そんな日々が続いた昭和四五（一九七〇）年五月。

与儀たち植物防疫官が、ウリミバエ侵入の有無についての最終判定をするときがやって来た。本土復帰前に、沖縄全域で、ウリミバエの一斉調査を実施することが決まったのである。

沖縄本島とその周囲の島々に五八〇ものワナが仕掛けられた。ワナを仕掛けながら、与儀は、「沖縄本島でウリミバエが見つかるはずがない」と自分に言い聞かせていた。

宮古島と沖縄本島の間は、三〇〇キロもあった。その間には、ほとんど島はなく、広い海が隔てていた。それだけの距離をウリミバエが飛来できるとは、どんな昆虫学の専門書にも書かれていなかった。現に昭和四（一九二九）年に宮古島に上陸して以来四〇年以上、沖縄本島への侵入は確認されていなかった。与儀は言う。

「それだけの距離をウリミバエが飛行したケースは、世界中どこからも報告されていませんでした。だから、必ずよい結果が出ると信じていました」

九日後、与儀たち植物防疫所のスタッフは総出で、回収されたワナのチェックを開始した。

「この調査に沖縄の未来が懸かっている」

そう思うと、一つのワナもおろそかにできなかった。一つひとつ目を凝らして調べていった。張り詰めた時間が、ひたすら過ぎていった。

チェック開始から二時間が過ぎた。ほとんどのワナのチェックが終わった。ここまで一匹のウリミバエも確認されなかった。

「大丈夫そうだ」

みんなほっと安堵した。そのときだった。

「これを見てください！」

一人のスタッフが震える声で叫んだ。みんなが慌てて駆け寄った。手元のシャーレ上に豆粒のような黒いものがあった。ウリミバエの成虫だった。

「どこの島で採取された？」

スタッフは小さな声で答えた。それは最悪の答えだった。

「久米島です」

みな、立ちつくした。

久米島はこれまで、ウリミバエの侵入が一度も確認されたことのない島だった。しかも、沖縄本島からわずか九〇キロしか離れていなかった。その間には、慶良間《けらま》諸島と呼ばれる小さな島々が無数に連なっていた。久米島でのウリミバエ発見は、沖縄本島に侵入されたことと限りなく同じ意味を持っていた。

与儀は、腰が砕ける感覚に襲われた。このときの悔しさについて与儀はこう語る。

「虫の生態をよく知っている人ならば、これは沖縄本島に侵入するのも時間の問題だと……。こんなに近いところに発生したのであれば、手をこまねいていれば、すぐに飛来してしまうと思いました。われわれは、何のためにあれだけ嫌な思いをしたんだって、悔しかったですね」

しかし、どうして、久米島に侵入してしまったのか。与儀たち植物防疫官に、そんなことを考える余裕はなかった。一刻の猶予もなかった。取り得る手段は、ただ一つしかなかった。

「沖縄本島侵入前に、久米島のウリミバエを根絶する」

そんなことが可能なのか、誰にもわからなかった。しかし気がつくと、沖縄本島の植物防疫官のほとんどが、久米島に向かう船の上にいた。与儀は言う。

「自分たちの力で何としてでもウリミバエを止めてみせる、と思いました。何としてでも沖縄の農業を守り抜くんだと」

しかし久米島で彼らを待ち受けていたのは、「8ミリの悪魔」による想像を絶する恐るべき洗礼だった。

二　沖縄本島上陸！　プロジェクト結成へ

「この島は、ウリミバエに完全に制圧されている」

沖縄本島から久米島までの船中で、与儀たち植物防疫官たちが話を交わすことはなかった。これから自分たちが闘う相手が、あまりに巨大であることを、みな知りつくしていた。一行のなかの一人は、そのときの様子を「敗戦濃厚の戦地に赴く戦士のようだった」と語った。

南国の長い一日もようやく終わろうかという夕暮れどき、与儀たちは久米島に到着した。しかし与儀は一人宿にも寄らずまっすぐに、ウリミバエがかかったワナがあった場所に向かった。そこは、島の中央付近に広がるスイカ畑の一画だった。

畑に到着した与儀は、ぐるっと畑を見回した。見事な大きさのスイカが一面にたわわに実っていた。8ミリの悪魔が巣食っているとはとても思えなかった。

深呼吸をすると、足元のスイカを一つ割った。次の瞬間、与儀の顔がゆがんだ。おぞましい光景が目に飛び込んできたのである。真っ赤なはずのスイカの実が土色に変色していた。無惨に腐っていた。しばらくすると、なかからうようよと無数のウジが這い出てきた。ウリミバエの幼虫だった。与儀はそのスイカを捨てると、我を忘れて、次々とほかのスイカを手に取り、割った。しかしどれも結果は同じだった。

一時間がたった。与儀は、呆然と畑に立ちすくんでいた。

「この島は、ウリミバエに完全に制圧されている」

それは、久米島の農業が壊滅したことを意味していた。そしてまもなくそれは証明された。島中の野菜が次々と腐りはじめた。

カボチャ、ゴーヤー、キュウリ……。島民の暮らしを支えていた農産物が次々と腐っていった。先祖代々久米島でゴーヤーやトウガンをつくってきた農家の一人は、目の前で次々と起こる出来事が、現実のことと思えなかったと言う。

「ある日突然、自分の畑の農作物すべてにウジがわいて、腐りはじめるんです。それまで、ウリミバエのことはほかの島のことだと思っていたから、まさか久米島にウリミバエがいるとは思ってもいなかったので、何が起きているのか、なぜこんなことになってしまうのか、さっぱりわかりませんでした」

もちろん、与儀たちも、ウリミバエの猛威に手をこまねいていただけではない。沖縄本島からだ

与儀たち植物防疫官は総出で島中に農薬を撒きつづけた。しかしウリミバエはしばらくすると脅威の繁殖力であっという間に増えた。もはや与儀たちの手に負える代物ではなかった。

けでなく本土からも、ありとあらゆる殺虫剤を持ち込んだ。

ある農薬は強力すぎて、野菜や果実そのものを傷めてしまう危険性もあった。しかし島民たちはみな、「全滅するよりはましだ」と、その農薬散布に賛成した。植物防疫官総出で島中に撒きつづけた。

しかし、ウリミバエは想像以上に恐ろしい悪魔だった。一時的には農薬が効いて、若干数が減ったようにみえた。しかし、しばらくすると、脅威の繁殖力であっという間に増えた。

どんなに撒いても、農薬で死ぬウリミバエよりも、その間に増えるウリミバエのほうが多かったのである。もはや与儀たちの手に負える代物ではなかった。

「何とか沖縄本島にだけは上陸しないでくれ」

与儀は、ただ祈りつづけるしかなかった。

日本政府を動かした一通の陳情書

そのころ琉球政府の農産課では、連日対策が練られていた。野菜を沖縄経済振興の起爆剤にしようとしていた矢先のことである。みな焦っていた。しかし、敵は農薬も効かない怪物。妙案などあるはずもなかった。

そんなある日のことだった。一人の男が発言を求めた。植物防疫係の仲里健三《なかざとけんぞう》、三五歳。与儀とともに植物防疫官の先頭に立って、港で野菜を取り上げる嫌な役目を担いつづけてきた男だった。

仲里は、敢然と言い放った。

「復帰が決まっている以上、これからは沖縄も日本です。ウリミバエの問題は、もはやわれわれだけで対応できるレベルを超えています。日本政府にこの深刻な状況を受け止めてもらい、真剣に対応してもらうべきです」

自席に戻った仲里は、心配そうに見る同僚を横目に、被害状況を詳細に記した手書きの陳情書を書くと、本土の農林省（当時）に送りつけた。

それにしても無茶な行動である。中央官庁に、地方自治体の（しかもまだ本土復帰前の沖縄の）一職員が陳情書を送りつけたからといって、相手にされるはずがない。

「当時は、まだ無鉄砲な若者でしたから。正義感に駆られて、しゃにむに陳情書を出してしまった。ただそれだけですよ」（仲里）

しかし、この陳情書が日本政府を動かし、結果として日本の農業を救うことになるのだから、世の中わからない。

農林省に届いた陳情書は、〃手書きで書かれたB４判のリポート用紙〃ということもあって重要視されなかった。送られたのは植物防疫課。外国から入り込んだ害虫の対策を専門に行うセクションだった。受け取ったのは、係長の岩本毅《たけし》、当時三四歳。防疫係一筋一二年、日本を代表する防疫の専門家だった。岩本は即座に事の深刻さを悟った。

「ウリミバエが本土に蔓延《まんえん》したときの恐ろしさを考えると、震えが止まりませんでした。もし久米

農林省植物防疫課の岩本毅。日本を代表する防疫の専門家だった。沖縄から送られてきた陳情書を読んで「ウリミバエが本土に蔓延したときの恐ろしさを考えると、震えが止まらなかった」と言う。

島から沖縄本島に侵入を許せば、そこから先は、あっという間に九州、本土と上陸してしまうに違いない。そうなった場合は、日本の野菜への被害は大変なことになると思ったんです」

日本の野菜市場が壊滅しかねない――農林省全体はパニック状態に陥った。もはや沖縄だけの問題ではなかった。日本の農業全体に壊滅の危機が迫っていた。

岩本は部下に命じて、ウリミバエに関する国内外の資料や文献を片っ端から集めさせた。

「ウリミバエをすぐに根絶させる方法でなくてもいい。何かヒントになるものはないか」

しかし相手は8ミリの悪魔・ウリミバエ。そんな方法が簡単に見つかるはずもなかった。一週間、二週間……、そしてひと月。無駄に時間ばかりが過ぎていった。岩本は諦めかけた。

そのとき、岩本の脳裏に若き日の思い出がよみがえった。

岩本はかつて横浜の植物防疫所に勤務していた。そのとき、琉球政府から研修のため留学していたのが、若き日の与儀喜雄だった。岩本は、貪欲に知識を吸収しようとする与儀と意気投合した。

研修が終わったあとの宿舎で、与儀は岩本に沖縄の豊かな自然を熱く語った。

「沖縄には、本土にない豊かな野菜や果物がなるんです。本当に美しい島なんです。そのことを、本土の人たちにも知ってもらいたいんです」

そう話すとき、与儀の目は輝いた。二人は、日本と沖縄の間に国境がなくなる日のことを夢見て、毎晩朝まで語り合った。そのときの光景が、昨日のことのように思い出された。

岩本はもう一度自分を奮い立たせた。

「沖縄からウリミバエを根絶するために、やれるだけのことはやってみよう」

「史上唯一の根絶成功例」にすがるしかない

翌日から、岩本は、農林省の資料室にこもりきりになった。すべての文献を洗い直した。「ウリミバエに取りつかれた男」とあざける声も聞こえてきた。しかし、岩本は気にもしなかった。

ある日のこと、文献をめくる岩本の手が止まった。そこに探し求めていた記述があった。アメリカの学者、ニップリングの業績を紹介した六ページの論文。一〇年以上前に成功した、ウリミバエ根絶の記録が記されていた。

それは、昭和三八（一九六三）年にアメリカ農務省が、マリアナ諸島のロタ島で成功した根絶実験だった。世界史上ただ一度の根絶成功の記録である。しかし、その方法はとんでもないものだった。非常に複雑な内容なのだが、要約すると次のようになる。

①まず、野菜に付着した野生のウリミバエの卵を大量に採取。そして卵からかえった幼虫をサナギに育てる。
②サナギに、コバルト60という、ガンの治療に使われる放射性物質を当てる。するとサナギのなかでオスの生殖細胞が破壊されるが、ほかの部分にはまったく影響がない。
③サナギからかえった成虫のオスは、見た目は普通のウリミバエと同じだが、生殖能力のないウ

リミバエ。つまり、メスと交尾しても、卵はかえらない。このようなオスのウリミバエを「不妊虫」という。

④不妊虫が成虫に育ったら自然界にばらまく。その不妊虫ができるだけ多くの野生のメスと交尾するのを待つ。当然、そのメスが産んだ一〇〇〇個の卵は孵化せず、新たなウリミバエは誕生しない。

⑤この①から④の過程を、何度も繰り返すことによって、徐々にウリミバエの数を減らしていく。気が遠くなるような方法である。実際、唯一の成功例、ロタ島でも根絶までに相当の月日を費やしている。

しかも、この方法は、ロタ島以降ウリミバエに苦しむ世界五〇の地域で試されたものの、その後一度も成功していなかった。なぜロタ島だけで成功したのか、世界中の専門家も首をかしげる、そんな方法だった。それでは、ウリミバエの被害が出ている世界の諸地域は、どう対処しているのだろうか。じつはそれらのほとんどの地域にはウリミバエに対する天敵の存在があり、その天敵によって生態バランスが保たれるので、被害はさほど大きくないのである。しかし、沖縄には天敵の存在が認められなかった。すがれるのはこれしかなかった。

岩本は、すぐに、「コバルト60作戦」を農林省内で提案。その方法しかないことを訴え、了承を得ると、次に大蔵省（現・財務省）との予算交渉に入った。予算を握る大蔵省主計局の担当官にこう伝えた。

「コバルト60作戦は、世界中で効果を上げています。これで沖縄の農業、ひいては日本の農業が守られます」

当時を振り返って岩本は言う。

「農林省内部には、研究から始めてはどうだという声もありました。しかし、そんなことをしていたら間に合わない。ですから、大蔵省主計官に一世一代の大芝居を打ったんです」

岩本の大芝居は功を奏した。ウリミバエ根絶事業に、当時としては破格の年間一億円の予算を投入することが決まったのである。

伝説のプロジェクト「ウリミバエ根絶特命チーム」結成

まもなく、日本の命運を託したプロジェクトが、沖縄で結成された。のちに、「ウリミバエ根絶特命チーム」と呼ばれる伝説のプロジェクトである。日本を代表する昆虫学者を筆頭に、沖縄出身の男たちが集結した。結成当初のメンバーから三人紹介する。

伊藤嘉昭（当時、四二歳）――農林省から派遣された異色の学者である。昭和二五（一九五〇）年、東京農林専門学校（現・東京農工大学）を卒業後、農林省農業技術研究所に入所。当時、周囲の研究員の多くは東京大学や京都大学出身の上級公務員ばかり。しかし、すさまじい研究への情熱で、京都大学で理学博士号を取り、日本を代表する昆虫学者となった。不屈の研究者魂を持つ男だった。この伊藤こそが、特命チームの頭脳となった。

「コバルト60作戦」は、わずか六ページの論文である。そこに書かれていたのは、概要だけで、詳細なデータはまったく記されていなかった。根絶作戦を実行に移したとき何か問題が起きたら、それはすべて特命チームで解決するしかなかった。尋ねる人間もヒントもどこにもなかった。伊藤だけが頼りだった。これだけの大役である。伊藤は悲壮な決意で沖縄に向かった。

「世界で成功例が一つしかない事業です。失敗の可能性が高いのは誰の目にも明らかでした。せめてデータだけは残そう、そんな気持ちでした」

この男が、「コバルト60作戦」〝最大の弱点〟を克服することになる。

垣花廣幸《かきのはなひろゆき》（当時、二七歳）——特命チーム若手のリーダー格。宮古島出身で、子どものころから、ウリミバエの被害を見て育った。琉球大学で昆虫学を専攻。卒業後、いったん肥料会社に就職するが、どうしても害虫の研究をしたいと、農業試験場に転職。その直後、特命チーム発足の知らせを聞き、駆けつけた。天性の明るさと前向きな性格は、困難の連続となるプロジェクトを幾度となく救った。

「特命チームに加わったからには、どんなことでも『できない』じゃなくて、やらなくてはならないという気持ちが強かったです。どんなことでも諦めずにやればできると信じていました。とにかく自分も若かったので、死に物狂いでやってみよう、それだけでした」

仲盛広明（当時、二三歳）——特命チーム最年少。石垣島のさとうきび農家出身。苦学して大学まで進学。沖縄の農家の苦しみを知りつくした男だった。悲壮な決意で特命チームに参加していた。

「自分がやらなくて、誰がやるんだという自負がありましたね。学者先生だけに任してはおけない。沖縄の農家出身の自分だからこそできることもあるんだと思っていました」

そして最後にメンバーに加わったのが、あの沖縄本島の植物防疫官・与儀喜雄だった。

特命チームは当初、伊藤や垣花など、農業試験場所属の研究員で構成されていた。そのため、植物防疫所に所属していた与儀は呼ばれなかった。しかし、プロジェクトが発足したことを聞いた与儀は、「何としてでも自分も参加したい」と、上司に直談判を繰り返した。その結果、植物防疫所から農業試験場への転籍が認められ、晴れて特命チームへの仲間入りを果たしたのである。

与儀は、久米島でなす術もなく立ちつくして以来、自分に対するふがいなさと怒りでいっぱいだった。あのときの屈辱感を一日として忘れたことはなかった。何としてでも、自分の手で豊かな沖縄の自然を取り戻したいと思っていた。与儀は、のちに「ミバエの鬼」と呼ばれるほどの獅子奮迅の活躍をみせる。

昭和四七（一九七二）年五月一五日。沖縄は念願の本土復帰を果たした。

この年沖縄は、年始めから連日華やかなセレモニーが続いていた。念願の沖縄野菜の本土への出荷も始まった。「コバルト60作戦」開始前の地道な対策によって、与儀たちはついにこの日までウリミバエの本島侵入を許さなかったのである。

伊藤嘉昭（上）。当時 42 歳。農林省から派遣された異色の学者。特命チーム の頭脳として、世界で成功例が一つしかない事業に対して悲壮な決意で臨んだ。垣花廣幸（中）。当時 27 歳。特命チーム若手のリーダー格。「どんなことでも諦めずにやればできる」と信じていた。仲盛広明（下）。当時チーム最年少の 23 歳。「自分がやらなくて、誰がやるんだ」という自負があった。

沖縄野菜を積んだ船を見送った与儀は、これまでの苦労を思い、少し肩の荷が下りた気がした。

「このまま対策を地道に続けていけば、沖縄本島への侵入は防げるのではないかと思いました。何とかなると」

ビタミン豊富な沖縄野菜は、珍しさもあって、本土では高値で飛ぶように売れた。当初の目論見どおり、農業は沖縄経済の切り札になるかと思われた。

しかしその四か月後、まだ夏の暑さが続く九月のことだった。運命を暗転させる一つの情報が、特命チームに飛び込んできた。

「沖縄本島でウリミバエが発見された！」

その場所は、久米島に面した北部の町、本部《もとぶ》町。仕掛けていたワナに、一匹のウリミバエがかかったのである。

沖縄本島にウリミバエ侵入。その情報はただちに農林省に伝えられ、沖縄県全域から野菜の持ち出しが厳しく制限された。復帰からわずか四か月。沖縄県民の前に、見えない国境が立ちはだかった。

三　命運を託された害虫飼育工場

「秘密兵器」上陸

本土復帰から一年がたった昭和四八（一九七三）年五月。沖縄の美しい風土は人気を呼び、観光客が押し寄せていた。しかし、その陰で沖縄野菜の本土への出荷は、厳しく規制されたままだった。

そんなある日、那覇港に一隻の貨物船が入港した。船から出てきた積み荷は、ぐるぐる巻きに厳重に梱包されていた。

「いったい何が始まるのか。積み荷は、米軍基地に運び込まれる新型の兵器なのではないか」と言う住民もいた。しかしそれは同じ兵器でも、ウリミバエに対する秘密兵器だった。コバルト60によるウリミバエ根絶作戦に用いる放射性物質である。生殖細胞を破壊し、不妊化したウリミバエをつくり出す。特命チームにとって、最強の敵に対抗する最後の切り札だった。

特命チームの実質的リーダー・与儀は身が引き締まる思いだった。

「コバルト60作戦が失敗すれば、もうあとはありません。最初にして最後の作戦でした。プロジェクトは初っ端から背水の陣だったんです」

コバルト60をサナギに照射するための施設は、那覇市郊外に建設された。絶対に放射能が外に漏れないよう、特別にシールドされた建物だった。この建物が冒頭に紹介した〝異様な建物〟の原型である。

すでに本島でウリミバエが増殖しているのは確実だった。しかし、その闘いを前に、与儀たちは一つの島で「コバルト60作戦」を実験することを決めた。作戦成功に欠かせない基礎データがまったくなかったためである。

実験場に選ばれたのは、かつて根絶に失敗したあの久米島だった。

五〇〇万匹!?　そんなはずは……

久米島で最初のウリミバエが発見されてから二年がたっていた。島のウリミバエは、いったい何匹まで増えているのか、想像もつかなかった。

何よりもウリミバエの正確な数の把握が必要だった。それがわからないと、何匹の不妊虫を撒けばいいのかも割り出せなかった。

しかし、このことこそが「コバルト60作戦」の最大の弱点だった。体長わずか8ミリのウリミバエがどのくらい生息しているのか、その測定方法がなかったのである。ロタ島以降、世界中で成功しなかった最大の理由も、ウリミバエの正確な数を算出できなかったことにあった。

そこで前年の一〇月、特命チームから一人の男が久米島に派遣されていた。伊藤嘉昭、チームの頭脳である。久米島に向かう伊藤は、船上で一つの方法を試してみようと思った。「マーキング」と呼ばれる方法だった。

これは、島のなかの一定面積内におけるウリミバエの存在数をある方法によって割り出し、それを基に島全体でどれくらいウリミバエが存在するのかを計算上で割り出す方法である。

じつはこの「マーキング」法は、絶滅が心配される希少動物の数を確認するために使われる方法だった。伊藤は、動物の保護のために使われてきたマーキング法を、害虫の絶滅のために使用しようと考えたのである。見事な発想の転換である。

しかし通常のマーキング法だけでは、途中で虫が死んだり新しく羽化したりすれば正確な数字は出ない。そのため伊藤はそこに修正を加えた。

さらに特命チームのメンバーを久米島に呼び寄せると、島をいくつかの地域に区分けして、それぞれでマーキング法を実施。そこから割り出される値の平均値から、島全体のウリミバエの数を推定することに決めた。

そして一か月。ついに久米島のウリミバエの数が算出された。その数に伊藤は息をのんだ。オスの数だけで二五〇万匹。オス・メス合計で推定五〇〇万匹！

「わずかひと月で、これだけ増えたのか！」

伊藤は、改めて「8ミリの悪魔」の底知れぬ恐ろしさを思い知った。

ウリミバエ大量飼育への挑戦

そのころ特命チームの若手たちは、遠く離れた石垣島に送り込まれていた。みな那覇の農業試験場から馳せ参じた若き研究者たちだった。

与えられた仕事は、不妊化させるウリミバエの大量飼育。プロジェクトの成否を左右する仕事である。しかし、そのマニュアルは世界中どこにもなかった。すべては手探りで考え出すしかなかった。

大量飼育のリーダーとなったのは、垣花廣幸。仕事内容を聞かされたとき、不思議なことをやらされるものだと思った。

「害虫というのは、減らすものじゃないですか。絶対に増やすものではないですよね。それを、産めよ、増やせよというんだから、こりゃおかしな話だと思いましたよ」

ウリミバエ大量飼育への挑戦が始まった。

久米島のウリミバエの数＝五〇〇万匹を根絶させるには、週一〇〇万匹の不妊虫を生産し撒きつづけることが必要だった。

メンバーたちは、まず、島のはずれに飼育小屋を設置。とりあえず、目についた野生のウリミバ

特命チームの若手たちは遠く離れた石垣島に送り込まれた。島のはずれに飼育小屋が設置され、「ウリミバエの大量飼育」が始まった。「意外にこの仕事は楽かもしれない」という甘い考えはすぐに裏切られることになる。

エの卵を片っ端から集めて、育てはじめた。日本の農業の命運が懸かったプロジェクトである。小屋には、部屋の温度を一定にするため、当時の沖縄には珍しいクーラーも設置された。メンバーたちは、初めて経験する涼しい風にすっかり有頂天になった。

「意外にこの仕事は楽しいかもしれない」

しかしそんな考えが甘いことを、メンバーたちはすぐに思い知ることになった。

納豆とクサヤとチーズの……

大量飼育が始まって数日後の早朝のことだった。小屋の扉を開けたメンバーの一人は、思わず口と鼻を押さえた。とんでもなく臭かったのである。ウリミバエの幼虫が、すさまじいにおいの体液を一日中出しつづけていた。それが、何千匹、何万匹も、密閉された狭い部屋でうごめいていた。なかは恐ろしいことになっていた。

そのすさまじいにおいは、じつはなかだけはなく外、つまり施設の周りにも及んでいた。近所の人は、この施設を避けてわざわざ遠回りをするくらいだった。

特に、ひどい目に遭ったのが、リーダーの垣花である。垣花は当時新婚だった。妻の久美子のおなかには子どもがいた。よりによって、つわりが最もひどい時期だった。

久美子は、夫が仕事場から帰ってきても、すぐに家には入れず、別棟となっていた浴室で念入りに体を洗ったあとでないと、会おうともしなかった。

「納豆とクサヤとヨーロッパの臭いチーズを混ぜたようなにおいとでもいうんでしょうか。とにかくすさまじいにおいでした。いまだに、あれほどのにおいは経験したことはありません。何せ、夫が帰ってくるのが、通りを歩く靴音とかではなくて、においでわかるほどでしたから。それにつわりが重なったものですから、もし作業着のまま会ってしまったら、夫に吐いてしまうな、と……。それではもっと傷つけると思って、帰ってきたなと思ったら、あわてて奥の部屋にこもったんです」

じつは久美子は、当時、垣花の持ち歩いていた書類をいまもとってある。久美子は、「当時から二〇年近くがたっても、まだにおいが取れないんですよ」と言って、その書類を押し入れの奥から取り出した。

確かににおいは取れていなかった。納豆とクサヤとヨーロッパの臭いチーズが混ざったにおい……。言い得て妙だった。

試行錯誤の日々

問題はにおいだけではなかった。ウリミバエは、意外にも人工的に育てようとすると、非常に繊細でやっかいな昆虫だったのである。

あるとき垣花は、昆虫の専門家から気になることを言われた。

「沖縄はアリがたくさんいるから大変ですね。アリは昆虫の卵が大好きですから」

なるほどと思った。

「アリには気がつかなかった。いいことを聞いた」

アリの侵入を防ぐため、水をたたえた堀を小屋の周りに巡らした。さらに、垣花はアリの駆除剤を購入。沖縄はシロアリの被害が多い。シロアリ駆除剤ならいくらでもあった。その薬を、垣花は一人、飼育小屋の壁という壁に塗り込んだ。

「これで、アリの心配はない」

安心しきって垣花は眠りについた。

しかし翌日、張り切って小屋に出向いた垣花の目の前に広がっていたのはとんでもない光景だった。卵からかえったばかりの幼虫がすべて死んでいたのである。

コンクリートに染み込んだ駆除剤がほんのわずかだけガス化、それを吸い込んだ幼虫が死んでしまったのである。

それからまもなく、さらなる事件が起きた。小屋からメンバーの悲鳴が聞こえた。あわてて駆けつけた垣花は腰を抜かした。再び幼虫が全滅していたのである。

「いったい何が原因なんだ」

メンバーたちは、必死で部屋中を調べた。まもなく、一人が壁にかけてある温度計の値を指差して言った。

「部屋の温度が三度だけ上がっています」

夜間、室温が三度上がっていたことが原因だった。

クーラーは正常に動いていた。理由は見当もつかなかった。

リーダーの垣花は頭を抱えた。「こんな謎に満ちた生き物を、週に一〇〇万匹も育てつづけられるはずがない」と思った。

そのときだった。メンバーのなかで最年少、二三歳の仲盛広明が言った。

「私たちは、ウリミバエのことを何も知らないのではないのでしょうか。もし、文献がないというのであれば、これからは二四時間ウリミバエと寝食を共にしましょう。そうしないと、また間違いを繰り返すだけです」

仲盛の目は執念に満ちていた。それには理由があった。

仲盛広明、その情熱の理由

昭和二〇（一九四五）年、第二次世界大戦末期、沖縄は地獄の戦場となった。多くの島々が、アメリカ軍の無差別攻撃にさらされた。仲盛の出身地、石垣島もまたすさまじい艦砲射撃にさらされていた。

仲盛は、八人兄弟姉妹の末っ子で、兄姉を亡くしていた。しかしそれはアメリカ軍の攻撃が直接原因ではなかった。母から何度となく聞かされた話は次のようなものだった。

艦砲射撃を避けるために、兄姉たちは両親に連れられ、必死で島のジャングルに逃げ込んだ。次第に攻撃の音が遠ざかっていく……。

「これで何とか大丈夫だ」

ほっとした、そのときだった。耳のすぐ近くで不快な羽音がした。マラリア蚊が襲ってきたのである。みな必死で追い払った。しかし害虫は執拗だった。数日後、兄と二人の姉がマラリアにかかって高熱を発症。まもなく三人は熱にうなされながら死んだ。

仲盛は兄姉たちが亡くなった場所を母から教わった。そこはジャングルの奥深く、ジメジメと湿った岩場の小さな窪みだった。この場所でおこった惨事について、仲盛は片時も忘れることがなかった。

「兄と姉は、何もしないうちに死んでいったわけでしょ。その苦しさに比べれば、ウリミバエの仕事なんかは何ともないですよね」

そう言って仲盛は涙ぐんだ。

「兄と姉は、アメリカ軍の攻撃ではなく、害虫によって殺されたわけです。だから自分のなかで、害虫はすべて兄姉を殺したマラリア蚊と重なって見えました。ウリミバエもその一つです」

仲盛が那覇の農業試験場に入所したのも、害虫と戦うためだった。仲盛は、ウリミバエ根絶に青春のすべてを懸けようと心に決めていた。その情熱にメンバーはみな深くうなずいた。

二四時間体制の飼育始まる

再びウリミバエの大量飼育に挑む日々が始まった。

メンバーたちは、飼育小屋に交代で寝起きしながら、虫の育ち具合を見張った。仮眠をとるのは、餌が置かれた倉庫。服に付着した餌にダニがわき体中がかゆくなった。しかし、もう誰も弱音は吐かなかった。そしてまもなく、謎に包まれていたウリミバエの生態がわかってきた。

まず、ウリミバエは夜から朝にかけて活発に活動することが判明した。そのため呼吸が激しくなることで室温が上がり、それ以上に飼育箱の温度も急上昇することがわかったのである。以前室温が三度上がって全滅したのは、このことが理由だった。

さらに数か月すると、メンバーたちは小屋に入っただけで、幼虫がどういう状態にいるかわかるようになった。仲盛は当時を振り返って言う。

「虫といっしょに暮らしていると、においや、部屋の空気、手触りで、虫の調子がわかるようになったんです。こうしたことは、いくら難しい文献を読んでもわからないことです。体で覚えるしかないんです」

失敗を重ねながら、連日連夜、メンバーたちは一心不乱に幼虫と対峙した。週一〇万匹、二〇万匹。少しずつ作戦遂行可能なウリミバエの数が増えていった。

そんな若者たちを、毎晩電話で励ます男がいた。特命チームの実質的リーダーの与儀喜雄だった。与儀は沖縄本島の那覇で、予算のやりくりと根絶計画のスケジュールづくりを担当していた。遠く離れた石垣島で奮闘する若手たちに言いつづけた。

「俺たちは、世界に誇れる仕事をしているんだ。沖縄の自然を守り抜こう。必ず成功してくれ」

それは、若者たちを何より勇気づけてくれる電話だった。しかしじつはこのとき、沖縄本島の特命チームは、重大な危機に直面していたのである。

沖縄本島のウリミバエが急増していた。その数、何と一億匹。しかも、全島に仕掛けられたワナのいたるところから、ウリミバエが見つかるようになっていた。当初、本島南部だけだったウリミバエの生息範囲が、中部、さらには北部へと着実に広がっていることの証だった。

連日与儀のもとに、農林省からプロジェクトの進捗状況を確認する電話が入った。

「ウリミバエは、着実に北上を続けている。このままでは、いずれは、沖縄本島から九州に、そして本土に上陸してしまう。日本の野菜は壊滅するぞ。根絶を急いでくれ」

電話口の声は焦っていた。しかし与儀は石垣島の若者たちを思い、じっと待ちつづけた。

「彼らはきっとやってくれる。ここが辛抱のしどころだ」

最大の試練、台風直撃

しかしそのとき、衝撃的なニュースが飛び込んできた。空前の大型台風が石垣島を直撃したのである。ウリミバエの飼育小屋を暴風雨が叩いた。小屋の屋根はいまにも吹き飛ばされそうだった。

プロジェクトメンバーに、張り詰めた空気が流れた。

そのときだった。一斉に電気が消えた。電線が切断されてしまったのである。

「クーラーが止まれば部屋の温度が上がって、虫が死んでしまう」

若者たちは、用意してあった自家発電機に駆け込んだ。

「虫を死なせるな」

ある者は嵐のなかずぶ濡れになって燃料を運びつづけた。そしてまたある者は温度を下げるため、徹夜で床に水を撒いた。

水と油、そして、虫にまみれた作業が夜通し続いた。

沖縄本島では、与儀がまんじりともせず、石垣島からの知らせを待っていた。

「彼らはいま必死で闘っている。頑張って守り抜いてくれ」

与儀は一晩中祈りつづけた。

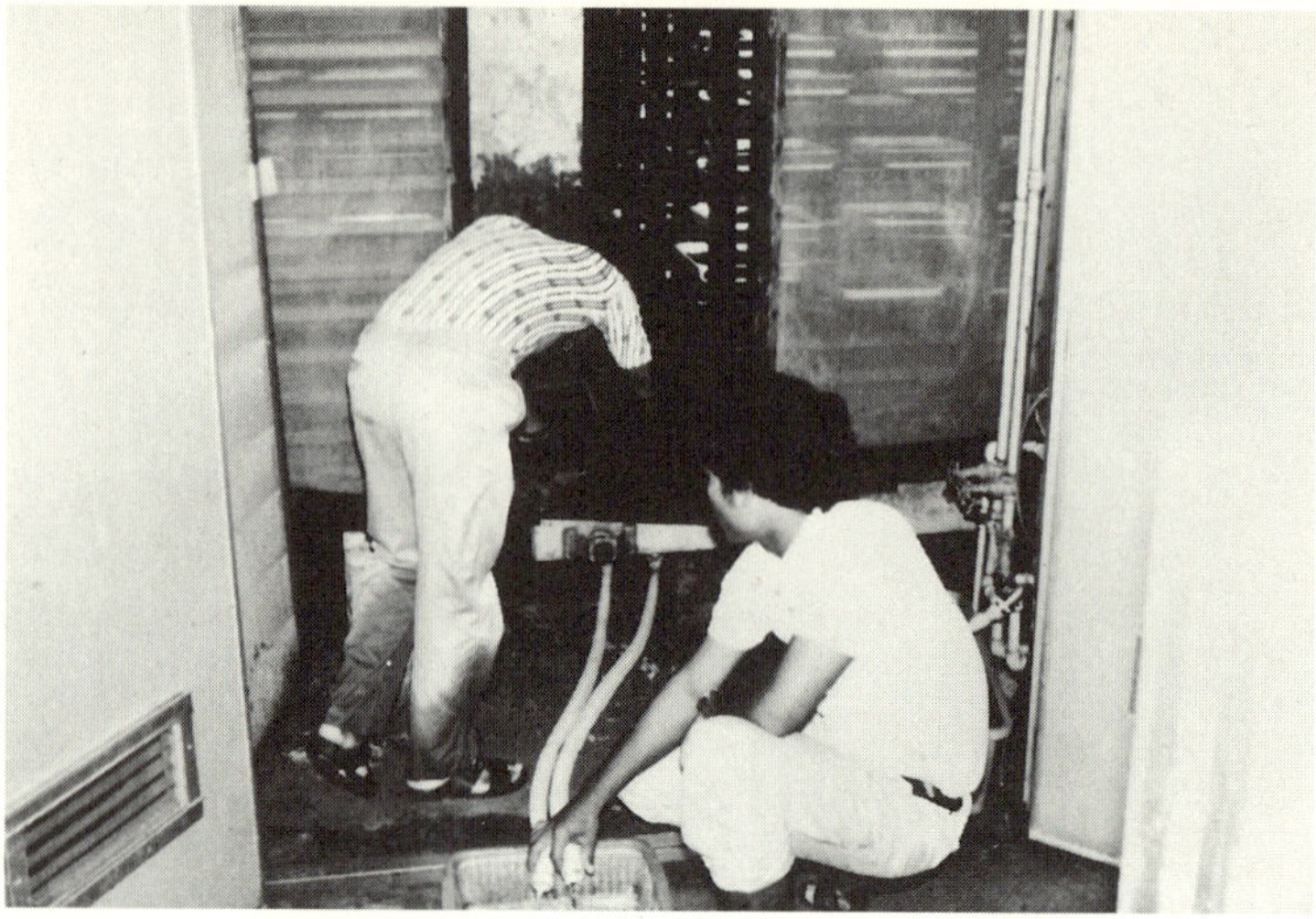

空前の大型台風が石垣島を直撃。一斉に電気が消えた。若者たちは用意してあった自家発電機に駆け込んだ。「虫を死なせるな」――水と油、そして虫にまみれた作業が夜通し続いた。

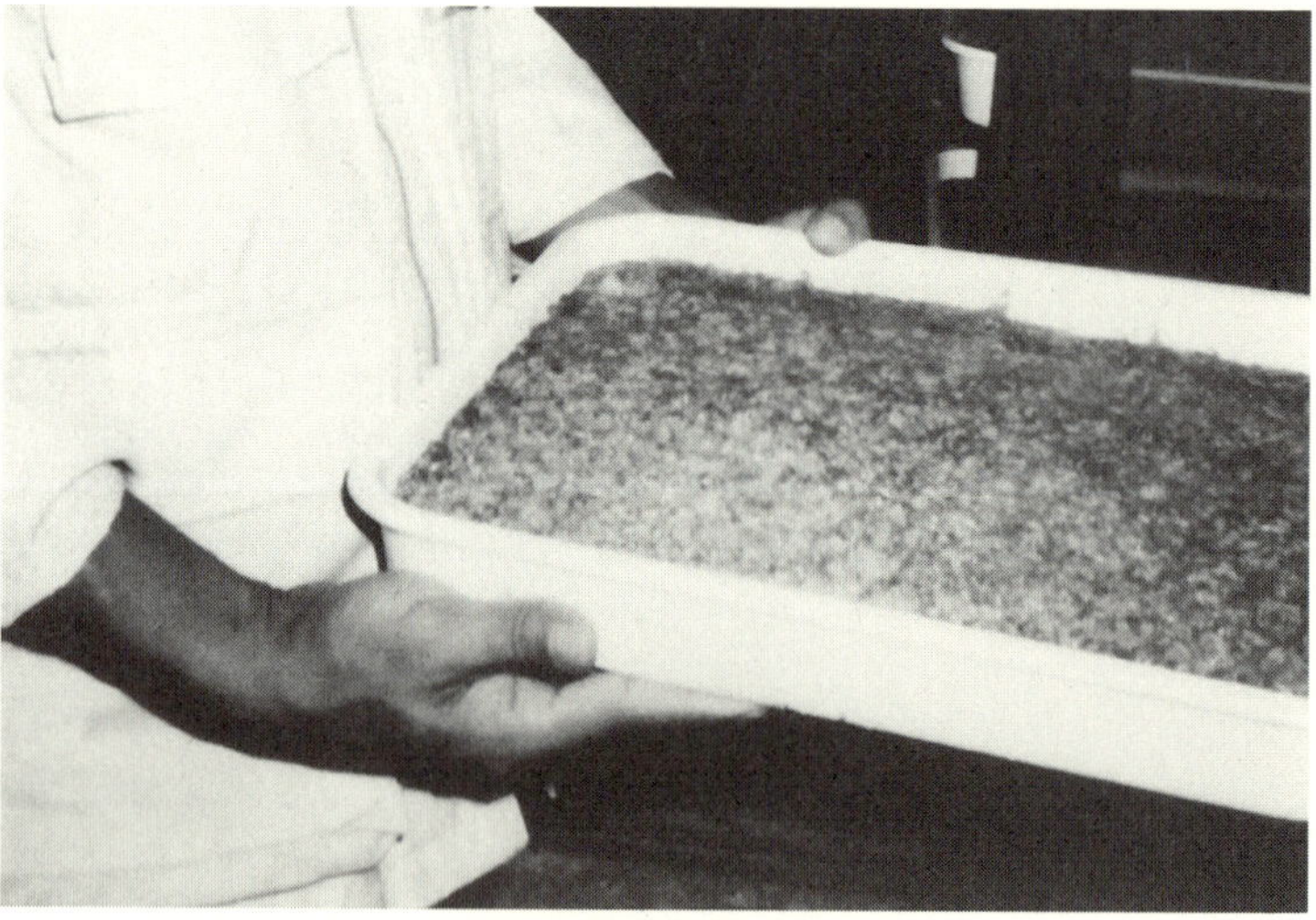

メンバーたちは、徹夜明けの赤い目で飼育箱を見つめた。虫たちはしっかりと生きていた。彼らは、ウリミバエの幼虫を守り抜いたのである。

夜が明け、台風は過ぎ去った。メンバーたちは、徹夜明けの赤い目で飼育箱を見つめた。すると腐葉土のなかから、一匹の幼虫がにょっきりと顔を出した。それを合図としたかのように、次々と幼虫が顔を出した。虫たちはしっかりと生きていた。彼らは、ウリミバエの幼虫を守り抜いたのである。

リーダーを任されていた新婚の垣花は、くたくたに疲れて家に戻った。このとき妻の久美子は、臨月。台風のなか一人家を守った。久美子は、一晩中電話もよこさなかった夫の顔を見ると、すねて言った。

「においがすごい。寄らないで」

すると、温厚な垣花が怒った。このときのことを妻の久美子は次のように語る。

「私が夫に、『すごく臭い』って言ったんですよ。そうしたら、『これが仕事なんだ』と言われたんです。『これで、食べているんだ。あんたも、これで食べてるんだ。俺は、この仕事に誇りを持っている』って言われたんです。それを聞いてはっと思ったんです。当たり前ですけど、『このにおいは、仕事の結果なんだ』って」

久美子は、夫に手をついて謝った。この日以来、久美子が夫に『臭い』と口にすることはなくなった。

「久米島戦」終了、しかし闘いは続く

それから四か月が過ぎた。飼育小屋の棚に、大量のサナギが並んでいた。ついに週一〇〇万匹のサナギ生産計画を達成したのである。垣花と仲盛は泡盛で乾杯した。

その知らせを聞いた与儀は若者たちに言った。

「本当にご苦労さん。次は俺たちが頑張る番だ」

サナギはすぐに那覇の放射線照射施設に運ばれた。コバルト60でウリミバエの生殖細胞を破壊するためである。次々とサナギに照射。小さな戦士、不妊虫の〝元〟が生み出されていった。

ところで正確に言うと、この「コバルト60作戦」で生み出されるのは不妊虫＝オスだけではない。元の卵にオスとメスが混在しているので、必然的にコバルト照射されたメスも生み出されるわけだ。このコバルト照射されたメスがオスと交配するだけでは野生のウリミバエを減らすことはできない。とにかく不妊虫＝オスと野生のメスとの交配が必要なのである。

昭和五〇（一九七五）年二月。久米島に、毎週一〇〇万匹のサナギが運び込まれた。サナギは羽化し、成虫となって野生のウリミバエと交配を始めた。

ちなみに不妊虫を野に放す方法だが、この久米島での最初の実験では、コバルト照射済みのサナギを野に放置する方法をとったが、以後は、サナギが羽化してから成虫を放つ方法をとるようになっている。

垣花は、自分たちの実験の成果を石垣島から固唾をのんで見守っていた。

「頑張ってくれ、頑張ってくれって、自分たちが育てたウリミバエを応援してましたね。ちゃんと野生のオスと競争してくれて、野生のメスをゲットしてくれないと困るんでね」

実験は成功した。ウリミバエが、みるみる減りはじめたのである。四〇〇万匹、三〇〇万匹……。そして実験開始から一年半後、久米島のウリミバエはついにゼロになった。

特命チームは沸き立っていた。農林省に報告すると、電話の向こう側で喜びの声が聞こえてきた。しかし、一人、冴えない表情をする男がいた。リーダーの与儀だった。

「みんな、喜んでいたんですが、私はどうしても喜びが体の奥底から湧き出てこないんですよ。どうしてだろうと思ったんですが、すぐに、『うん、そうか』と……。久米島の次は、こんなにも広大な沖縄本島が控えている、と思ったんですね」

本島での闘いのときが迫っていた。しかし、広さは久米島の二〇倍もあった。しかも、事前の調査で驚くべきことが判明した。何と、アメリカ軍基地がウリミバエの巣窟になっていたのである。そこは手出しができない場所だった。

四　立ちはだかった米軍基地、そして本島決戦へ

「アンビリーバブル。NO」

昭和五一（一九七六）年。沖縄本島でのウリミバエは、ついに一億匹を突破した。畑のほとんどが全滅した農家も出ていた。しかし、肝心の特命チームは、いまだに不妊虫を撒けずにいた。苦しむ農家の人たちに会わせる顔がなかった。どうにもならない大きな壁が立ちはだかっていたのである。

それは、沖縄本島の二〇パーセントを占めるアメリカ軍基地だった。そこに広がる密林こそがウリミバエの発生源だと特命チームはにらんでいた。根絶には、何としてでもアメリカ軍の協力が必要だった。

しかし、時代は、ベトナム戦争が終わったばかりの米ソ冷戦の真っただ中。打診をしても、米軍

昭和51（1976）年、沖縄本島において、特命チームはいまだに不妊虫を撒けずにいた。苦しむ農家の人たちに会わせる顔がなかった。どうにもならない大きな壁ー米軍基地ーが立ちはだかっていたのである。
写真提供：毎日新聞社

からの答えはいつも同じだった。

「アンビリーバブル。NO」

特命チームのメンバーの間に、諦めの雰囲気が漂いはじめた。

「ヘリコプターが飛ばせないのでは、もうダメだ」

みんなが自暴自棄になりかけた。

そんななか、与儀は一人、メンバーたちを叱咤激励しつづけていた。

与儀は必死だった。石垣島の若手たちの苦労を無にできないと思っていた。

「もし、広大な米軍基地で防除できないのであれば、やる意味はないんです。何せ、虫には国境がないわけですからね。そうなったら、石垣島で大量飼育に成功した垣花君や仲盛君たちに何と言って詫びるんですか」

この執念が奇跡ともいえる事態を生むことになった。

成功への第一歩

ある日のことだった。特命チームのもとに、アメリカ軍から一本の電話が入った。その内容は、信じられないものだった。

「基地内の調査だけなら許可します」

ついに、立ちはだかる大きな壁に突破口が開いた。特命チームは喜びに沸いた。しかし、与儀の表情は厳しいままだった。プロジェクト成功への第一歩に過ぎないと思っていた。

「まだ調査だけ。不妊虫を撒けるかどうかは、調査次第。アメリカ軍にウリミバエ発生のデータを突きつけて、不妊虫を撒く許可を得てこそ、プロジェクトは成功する」

与儀は、身が引き締まる思いだった。

昭和五一（一九七六）年六月。基地内の調査が始まった。与儀の両脇にはアメリカ軍兵士が監視についた。ハブが出るジャングルが続いた。しかし、与儀はためらわず踏み込んだ。通訳として同行した座間味好子《ざまみよしこ》は、その大胆さに圧倒された。

「ハブは猛毒ですからね。見ているこっちが怖くなりましたね。だけど与儀さんは必死で、ハブが頭になかったんじゃないですかね。そうとしか思えない大胆さでしたよ」

しかし調査が進むにつれ、与儀の表情は険しさを増していった。基地内のジャングルは起伏が多く、野生の果実がたわわに実っていた。それは、米軍基地がウリミバエの繁殖に適していることを意味していた。与儀は思った。

「こんな広大なジャングルにくまなく不妊虫を放つには、上空から〝ヘリ（ヘリコプター）〟で撒くしかない」

ある日、同行した兵士にそのことを伝えた。すると兵士は気色ばんで答えた。

「ここには極東最大の弾薬庫がある。ありえない」

ジャングルに隠れるように嘉手納《かでな》弾薬庫があった。そこには、アメリカ軍の最新の兵器が厳重に

通訳として同行した座間味好子（右から2人目）。ハブが出るジャングルにためらわず踏み込む与儀の大胆さに圧倒された。

「こんな広大なジャングルにくまなく不妊虫を放つには、上空から“ヘリ”で撒くしかない」与儀はある日同行した兵士にそう伝えた。「ありえない」兵士は気色ばんで答えた。

保管されていた。ベトナム戦争中には、化学兵器なども貯蔵されていると噂された場所だった。周囲は、「危険地域」の名目で、普段はアメリカ軍の兵士でも立ち入りは固く禁じられていた。そして弾薬庫の上空は米軍のヘリコプターでさえ飛んだことがなかった。つまり日本の、しかも民間のヘリコプターを飛ばすことなど考えられないのである。与儀はジャングルのなかで呆然と立ちすくした。

風が変わった

それから、一か月が過ぎた。与儀は、一つひとつ黙々と調査のためのワナを仕掛けていた。しかし悩みは深かった。どんなにワナを仕掛けても、不妊虫が撒けないのならば無駄だった。自分がやっていることは自己満足でしかないと、むなしかった。

そんな与儀に一人の軍人が声をかけてきた。ダグラス・エハート大尉。基地の衛生状況を管理する将校だった。エハートの申し出を聞いた与儀は、耳を疑った。

「私たちが手伝います。協力させてください」

エハートはかつて昆虫学専攻の研究者だった。ウリミバエの恐ろしさを基地内の誰よりも知りつくしていた。与儀の孤軍奮闘ぶりを、同じ研究者仲間として見過ごせなかった。エハートは部下を連れて、基地内一〇〇か所以上にワナを仕掛けてくれた。兵士たちはみな、泥だらけになった。しかし誰も文句一つ言わなかった。与儀は涙が出るほどうれしかった。

「アメリカ軍の兵士は、いつかは沖縄から戻っちゃう人たちじゃないですか。それなのに、沖縄のため、朝から晩まで日本のために働いてくれて……。完全なボランティアですからね。本当に感動しました」

エハートたちの行動は、基地で評判になった。そして次第に他の兵士たちも協力を申し出てくれるようになった。与儀たちがワナを仕掛けていると、ハワイ出身の日系人が応援の声をかけてくれたこともあった。「風が変わった」ことを、与儀は肌で感じた。

調査開始から九か月後、ウリミバエの発生データが出そろった。特命チームの予想どおり、基地

昆虫学専攻の研究者だった軍人、ダグラス・エハート大尉（左から4人目）。ウリミバエの恐ろしさを基地内の誰よりも知りつくしていた。「私たちが手伝います。協力させてください」与儀は耳を疑った。

内の隅々で繁殖していた。そのデータをじっくりと読みながら、与儀は「これを交渉の切り札にしてみせる」と誓った。

与儀は、空軍、海軍、陸軍の各部隊長に面談の約束を取り付けた。取れた時間はわずか一〇分ほど。その間に、与儀はデータを見せながら、身振り手振りのボディーランゲージで説得を続けた。

「基地の内部には、これだけのウリミバエが繁殖しています。ヘリコプターを飛ばせないと絶対に根絶できません。協力をお願いします」

与儀は頭を下げつづけた。恥も外聞もなかった。ただ沖縄を、そして、日本の農業を救いたい、その思いだけだった。

その情熱に、次第に部隊長たちも心を開きはじめた。しかし、ただ一人、冷たい態度を変えない男がいた。嘉手納弾薬庫を管轄する空軍部隊長だった。空軍部隊長は口を開けば同じ言葉を言った。

「民間の〝ヘリ〟が弾薬庫の上を飛んだことは、アメリカでも前例がない。もし墜落でもしたら、どうするんだ。絶対に許可できない」

ある日、業を煮やした与儀は空軍部隊長に言った。

「それでは、アメリカ軍が責任を持って、弾薬庫からウリミバエを根絶してくれるのですね」

しかし、部隊長は答えた。

「そんな人員は軍隊にはない」

与儀は怒りに震えた声で言い放った。

「もし、あなたたちのせいでウリミバエが根絶できないのであれば、沖縄県民は一生、あなたたちを恨みつづけることでしょう」

空軍部隊長は言葉を失った。このときのことを与儀は苦笑しながら語る。

「いやー、必死でした。どうしてあそこまで強いことが言えたのかわかりません。しかし、人間は本当にせっぱ詰まると何でも言えるし、できるんだと思いました」

ウリミバエ根絶ヘリコプターの飛行問題は、ついに、在日米軍の最高幹部である四軍調整官に委ねられることになった。

そして、前代未聞の決定が

昭和五二(一九七七)年六月。アメリカ軍による最終判断の日が来た。深夜、与儀たち特命チームは基地に呼び出された。

待っていたのは米軍基地の幹部たち。いちばん奥に紳士然たる大男が座っていた。この男こそが、四軍調整官のケネス・ロビンソンだった。与儀たちが入室すると、ロビンソンは一瞥しただけで手元の資料に目を落とした。その仕草だけで特命チームのメンバーたちは緊張に震えた。アメリカ軍のトップと自分たちが、同じ部屋で対峙していることが信じられなかった。しかし、与儀はひるまなかった。間髪入れずに言い放った。

「将軍。基地内での〝ヘリ〟飛行を認めてください。沖縄県民の願いをかなえてください」

与儀から、アメリカ軍のプロジェクト全面協力の報を受けた仲盛は弾んだ声で言った。「準備はすべて整っています。週100万匹でも、200万匹でも、すぐにサナギを沖縄本島に運びます」

部屋に重い沈黙が流れた。ロビンソンは、顔を上げることもなく、黙って手元の資料を読みつづけていた。そのとき、一人の男が静寂を破った。あのエハート大尉だった。

「〝ヘリ〟を飛ばす以外、沖縄を救う方法はありません。われわれ米軍も沖縄の地に暮らしています。県民のために、そして沖縄を守るために、害虫の殲滅《せんめつ》に協力すべきです」

再び静寂が部屋を支配した。一分、二分、三分……。与儀にとって、永遠のように感じられる沈黙のときが続いた。

一〇分が過ぎたときだった。ケネス・ロビンソン四軍調整官が顔を上げた。そして静かに口を開いた。その目は与儀にしっかりと向けられていた。

「OK。アメリカ軍は、ウリミバエ根絶プロジェクトに全面協力しよう」

臨席していた軍人たちが、驚きで顔を見合わせた。前代未聞の決定だった。与儀は思わずテーブルの下の拳を握りしめた。

「OKと言われたときには、これでやれる、と。思わずへたくそな英語で『サンキュー』って言っちゃいましたよ。これでやっと事業がスタートできる、と。本当にほっとしました」

米軍基地を出た与儀は、すぐに近くの公衆電話に駆け込んだ。震える手でダイヤルを回した。相手は石垣島の若手たち。誰よりも最初に吉報を伝えたかった。

電話に出たのは、あの仲盛だった。報告を聞いた仲盛は弾んだ声で言った。

「準備はすべて整っています。週一〇〇万匹でも、二〇〇万匹でも、すぐにサナギを沖縄本島に運びます」

受話器の向こうから、万歳三唱が聞こえてきた。与儀は受話器を握りしめたまま、いつまでもその歓声に聞き入っていた。

平成元年七月、沖縄本島ウリミバエ根絶

作戦実行の初日、ヘリコプターに不妊虫が積み込まれていった。ついにアメリカ軍基地の上をヘリコプターが飛んだ。不妊虫が空を舞った。特命チームは、毎週、数百万匹の不妊虫を撒きつづけ

た。総数は一億匹を超えた。

さらに特命チームは、基地以外では地上作戦を展開した。本島には「ホットスポット」と名づけられた最重要地点があった。南部のゴーヤー畑、そして中部の石油備蓄基地だ。墜落した場合の二次災害が危険ということでヘリコプターからの散布が禁じられていた。そのためこのホットスポットには、手作業で不妊虫を撒きつづけた。特命チーム総出の作業となった。こうして、ウリミバエとの最終決戦はさらに三年に及んだ。

平成元（一九八九）年七月。闘いは終わりを迎えた。ついに、沖縄本島からウリミバエが消えたのである。報告を受けた与儀がまず考えたのは、沖縄の農家のことだった。

「ようやく農家のみなさんも、本土や九州のみなさんと同じスタートラインについたと。あとは、農家のみなさん頑張ってよ、と思いましたね。やっぱり、沖縄野菜が本土で売れて初めて、このプロジェクトは成功といえるんです」

一年後の平成二年一一月。那覇から、本土に向けて新鮮な野菜が出荷された。それを見守る特命チームは、みなはちきれんばかりの笑顔だった。その身を懸けて日本の野菜を守り抜いた男たちの笑顔だった。

プロジェクト成功の秘訣を聞かれた与儀は当時を懐かしそうに振り返って語る。

「やはり、人、人材ですね。問題が起こる時期ごとに誰かがそれを解決してくれるんですよ。沖縄の県民性ということもあるんでしょうが、私たちには『なんくるなるさ』という方言があるんです。

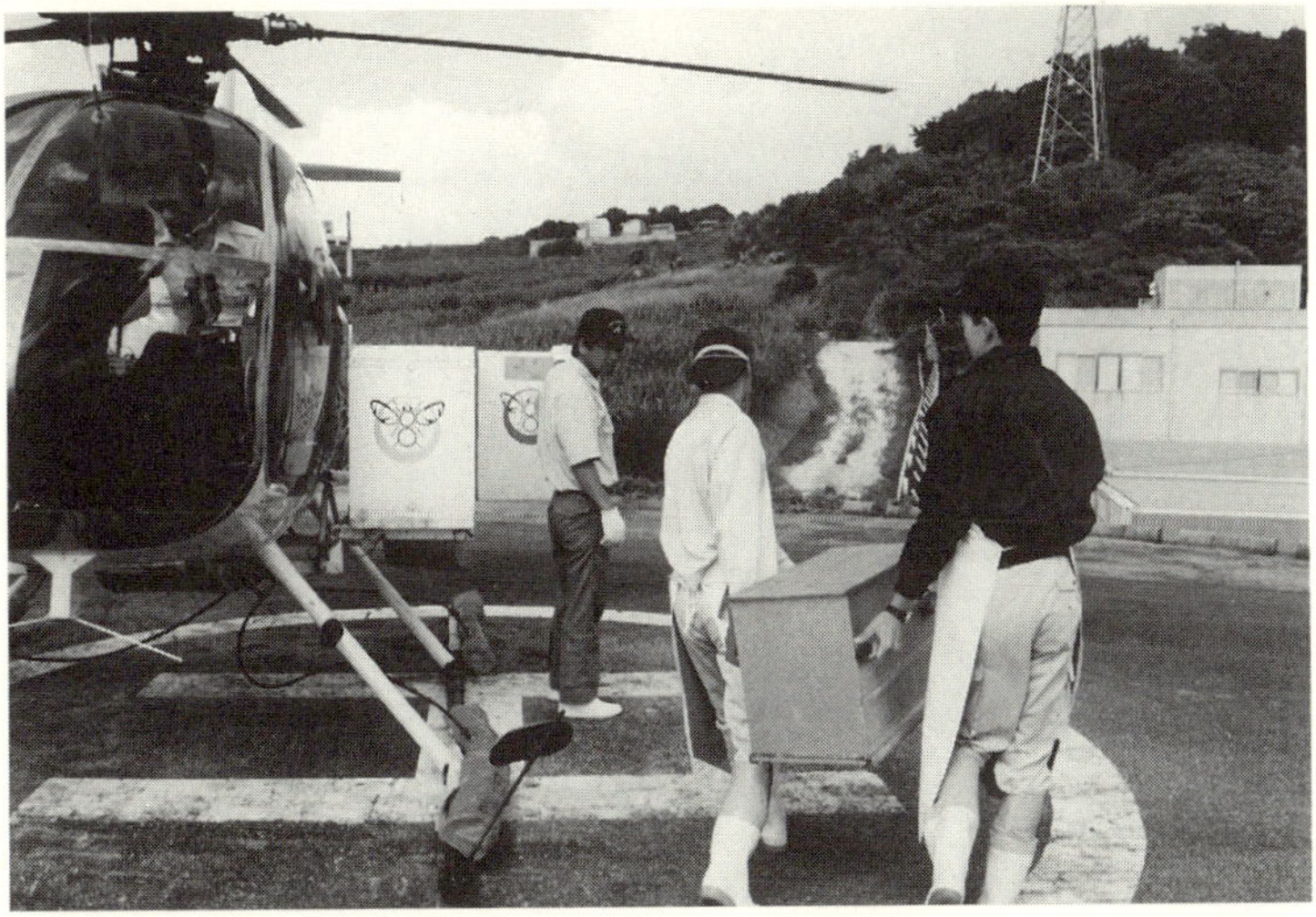

ヘリコプターに不妊虫が積み込まれていった。特命チームは、毎週、数百万匹の不妊虫を撒きつづけた。総数は1億匹を超えた。

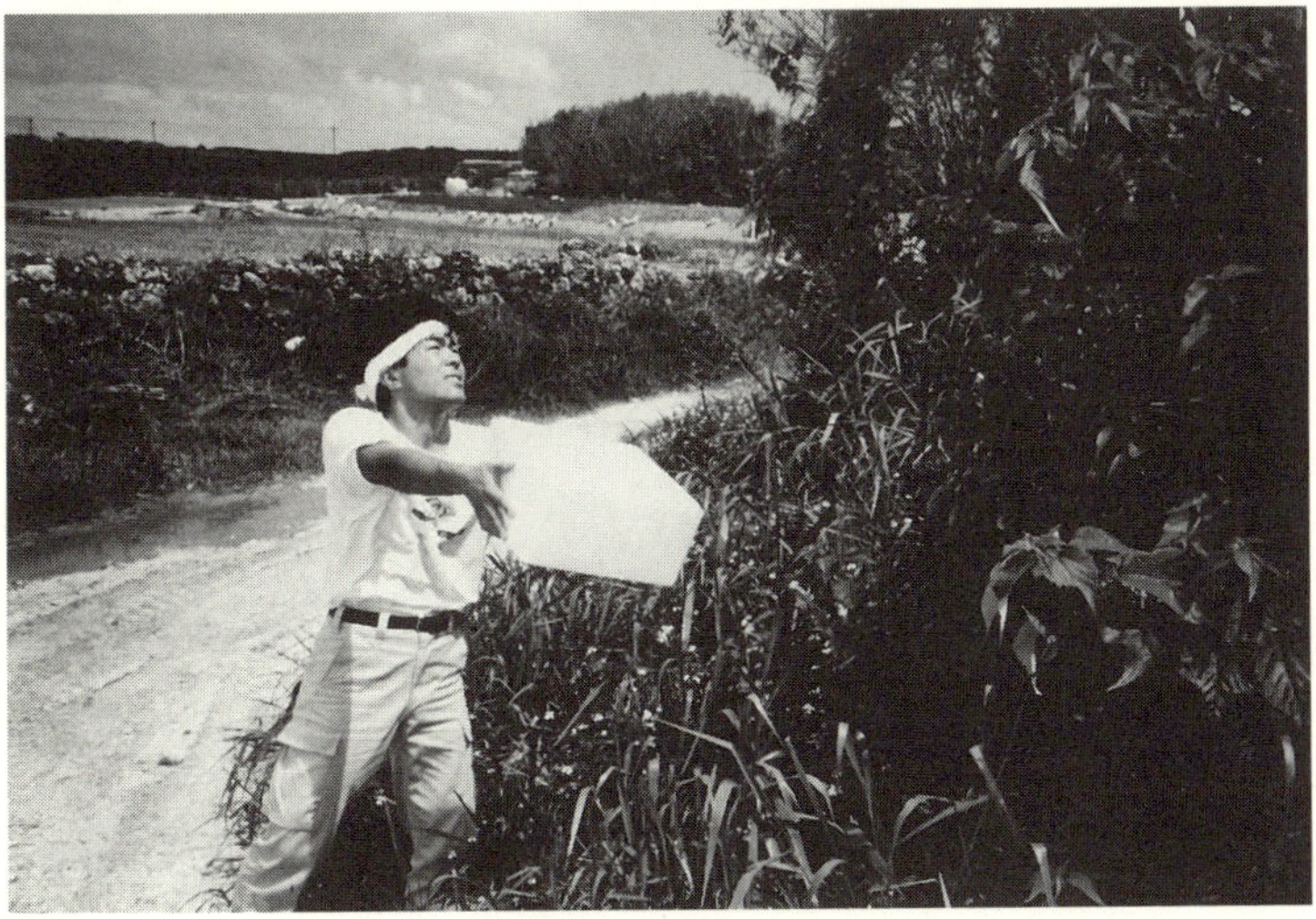

南部のゴーヤー畑など、ヘリコプターが飛ばせない「ホットスポット」では、特命チーム総出で、手作業で不妊虫を撒きつづけた。

〝なんとかなるさ〟ということですね。みんな問題が起こると『なんくるなるさ』って言って、そのうち二、三か月もすると解決してくれるんですよ。うれしかったですね」

かなえられた願いと〝静かな誇り〟

「コバルト60作戦」はその後も続き、平成五（一九九三）年、ウリミバエは沖縄のすべての島から根絶された。復帰から二〇年以上をかけて沖縄県民の願いは見事にかなった。しかしウリミバエとの闘いにはじつのところ終わりがない。根絶されたあとも、新たなウリミバエの侵入を防ぐために常に予防措置をとっておく必要があるからだ（そのため、いまも不妊虫の散布は続いている）。

特命チームの実質的リーダー・与儀喜雄は今年六五歳。五年前、県庁を退職するまで、のべ二三年にわたって、ウリミバエとの闘いの最前線に立ちつづけた。

いま、与儀は、県内のビニールハウスを回るたびに思うことがある。

「三〇年ちょっとの公務員人生で、最初から最後まで、ほとんどウリミバエに関わってきましたからね。ウリミバエの根絶事業は、私の人生そのものです」

石垣島で不妊虫の増殖に青春のすべてを懸けた仲盛広明は、その後も垣花とともに、大量飼育プロジェクトの屋台骨を支えつづけた。

平成五（一九九三）年のウリミバエ根絶後、仲盛の故郷、石垣島でも生産農家がゴーヤーやトウガンの栽培を開始、半年後、農家には数十年ぶりの笑顔があった。

平成5年11月。沖縄のすべての島々からウリミバエが根絶された。沖縄の新鮮な野菜が本土に向けて出荷できるようになった。復帰から20年以上をかけて沖縄県民の願いはかなえられた。写真提供：琉球新報

仲盛は喜びに沸く農家の様子を見届けると、一人、島のはずれのある場所に向かった。そこは、マラリアで亡くなった兄と姉の墓だった。島で取れたばかりのゴーヤーを墓に供えて、語りかけた。

「兄さん、姉さん。やっと一つの夢を達成することができました。また、新たな仕事をやるから、ぜひ見守ってください」

兄と姉が、あの世から「よくやった」と声をかけてくれたような気がした。

仲盛はいま、石垣島の農業試験場の場長として後輩を育てつづけている。いまや、島のいたるところでゴーヤーやトウガンの畑が広がっている。通勤途中その畑のなかを車で走るたび、仲盛は、故郷の豊かな自然を取り戻したことに〝静かな誇り〟を感じている。

アンコールワットに誓う
師弟の絆

一　運命の出会い、密林にそびえる謎の寺院

天空の楽園、アンコールワット

カンボジアのジャングルに、神々が棲《す》む場所がある。アンコールワット。世界最大の壮麗な石の寺院である。森のなかに忽然《こつぜん》と浮かび上がるその姿は、訪れる人々の心を揺さぶらずにはおかない。八〇〇年前、クメール王国の王が、死後、ヒンドゥーの神と一体化するためにつくり上げた、聖なる場所である。

三重にめぐらされた回廊の壁面には、二〇〇〇年にわたる神々の物語が刻まれ、女神が不思議な微笑をたたえている。中央の祠堂には、宇宙の中心を示す五つの尖塔がそびえ立つ。石の加工技術は精緻を極め、石づくりの建造物としては人類史上屈指の傑作といわれる。一九九二（平成四）年、アンコールワットを中心とするアンコール遺跡群は、世界遺産に登録された。

人類の宝を永く後世に残すため、現在、フランス、中国など世界各地の七つのチームが遺跡の保存・修復作業に乗り出し、日本からも政府と民間の二つのチームが参加している。

アンコールワットに国際的な関心が向くようになったのは、わずか一〇年ほど前のことである。それまでの二〇年間、アンコールの遺跡は歴史の奔流にもてあそばれ、国際社会の注目を集めることもなく、ジャングルのなかで崩壊の危機に立たされていた。

一九七〇年代、カンボジアは内戦に明け暮れた。極端な原始共産制を掲げるポル・ポト派が政権を取ると、激しい宗教弾圧が始まり、アンコールワットにも攻撃の手が伸びた。仏像はことごとく破壊され、僧侶も寺院の補修に当たっていた技術者たちも、みな殺された。「天空の楽園」と呼ばれた美しい寺院は、見る影もなく荒れ果てた。

そのとき、一人の日本人の研究者が立ち上がった。この地に魅せられ、青春を懸けてきた男だった。内戦で失った亡き友への誓いがあった。

「アンコールワットをよみがえらせる」

熱い思いは、多くの人々を巻き込み広がった。伝統建築に打ち込んでいた研究者、「鬼」と呼ばれた石工の親方。損得勘定ではできない仕事に、気がつくとみな人生を懸けていた。

カンボジアの内戦終結後、世界に先駆け、初めてアンコールワットに入った民間のプロジェクト。これは、アンコールワット再生を誓った人々の固い絆のドラマである。

謎の遺跡を訪ねて

一九六一（昭和三六）年、世界は「東西対立」という冷たい戦争をエスカレートさせていた。年初から、アメリカとキューバが国交断絶。東ドイツは、東西ベルリンの境界線にコンクリートの「壁」を築き、ソ連は、ガガーリン少佐による初の有人宇宙飛行に成功、国の威信を懸けた宇宙開発競争で一歩先んじた。

そして、アジアの火薬庫と呼ばれたインドシナ半島も緊張の度を増し、南ベトナムでは非常事態宣言が出された。

一方、日本は高度経済成長の階段を夢中で駆け上がっていた。前年に池田内閣による「所得倍増計画」が発表され、欧米に追いつけ追い越せと、国中が不思議な熱気に包まれていた。実質経済成長率は一二・二パーセントに上った。

この年の春、日本からおよそ四五〇〇キロ離れたカンボジアの田舎町を、一人の若者が旅していた。

石澤良昭、当時二二歳。もの静かな青年だった。石澤は北海道・帯広の出身で、三月に上智大学外国語学部フランス語学科を卒業したばかり。友人たちはみな就職を決め社会人生活を始めていたが、石澤はまだ何の道に進むのか、迷いつづけていた。

旅に出たきっかけは、在学中に懇意にしていたフランス人の教授の一言だった。

「友人がカンボジアにいて遺跡の保存活動をしている。君も行ってみないか」

一も二もなく「行きます」と言った。横浜からフランスの船に乗って南ベトナムのサイゴンに渡り、あとは陸路でカンボジアに入った。カンボジアは八年前の一九五三年、国王シアヌークのもと、宗主国フランスの統治から完全に脱し、王国として独立を果たしていた。首都プノンペンは貧しいけれど活気に満ちていた。

石澤は、この地でどうしても訪ねたい場所があった。アンコールワット。一二世紀に建造され、一九世紀後半、フランス人博物学者アンリ・ムオが発見するまで、ジャングルの奥深くで眠りつづけていた謎の石の寺院である。石澤は在学中、フランス語の文献でその存在を知り、以来、心の片隅にずっと引っ掛かりつづけていた。

うだるような暑さのなかを、プノンペンから、ひたすら北西へ向かい、遺跡の町シェムリアプにたどり着いた。

一人のフランス人が出迎えてくれた。恩師の友人で、長年アンコール遺跡の保存・調査に関わってきたベルナール・グロリエである。

石澤は、グロリエの案内で、アンコールワットに向かった。シェムリアプの街から熱帯雨林の森に入り、車で一五分。がたがたの道を走り森を抜けると、突然巨大な石の尖塔が目に飛び込んできた。石澤は息をのんだ。

車を降り、石が敷き詰められた参道をゆっくりと中心部に向かった。石澤は遺跡の壮大なスケー

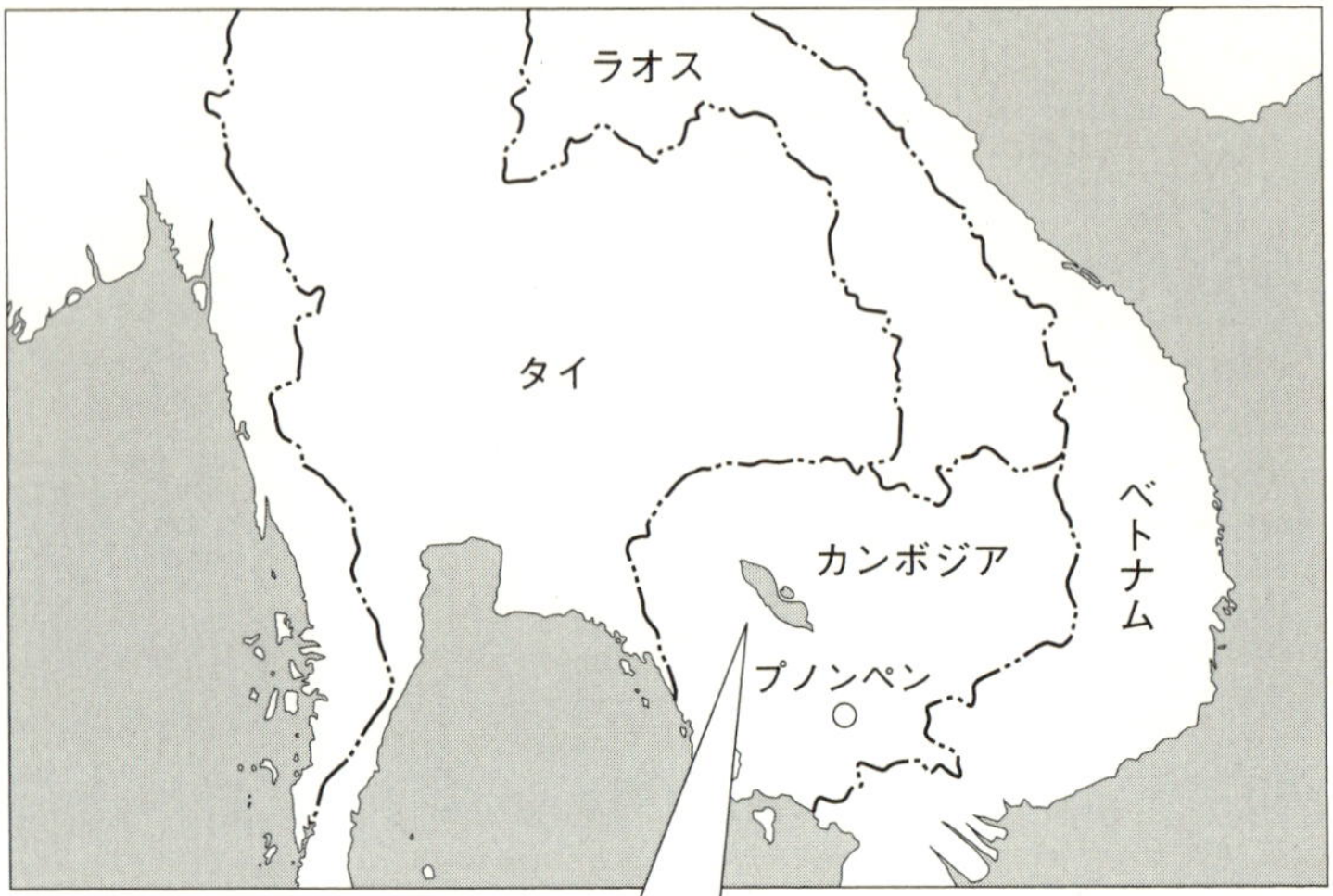

カンボジア周辺図

アンコールワット周辺図

ルに目を奪われた。アンコールワットは、東西一・五キロ、南北に一・三キロ、周辺部には満々と水をたたえた幅一九〇メートルの環濠が張り巡らされ、その内側に石づくりの回廊が数キロにわたって続く。壁面には神々の叙事詩を刻んだレリーフ。古代クメールの女神がほほ笑んでいた。

三重に続く回廊を抜けると、巨大な五基の尖塔がそそり立っていた。ヒンドゥー教の最高神が降臨するメール山を模す中央祠堂である。高さ六五メートル。宇宙の中心を現した、聖なる場所だった。石澤は圧倒された。

「魂が揺さぶられる、というんですか、何か、ガクガク、震えましたよ。それと、高尚な言葉で言うと、戦慄が走るというか、ズズズッとね。これだけ大きいものがこの世にあって、しかも、八〇〇年も一〇〇〇年も前からこんなものがつくられていたのかということで、まずびっくりしました」

密林に眠っていたアンコールワット

アンコールワットをつくり上げたアンコール朝は、メコン川につながるカンボジアの北部を九世紀からおよそ六〇〇年にわたり支配した大王朝である。最盛期の一二世紀から一三世紀初めにかけては、版図をインドシナ半島中央部にまで拡げ、石づくりの巨大寺院に代表される華やかなクメール文明を築いた。アンコールワットは一二世紀初頭、スールヤヴァルマン二世が三〇年あまりもの歳月をかけて建立し、ヒンドゥー教の最高神ヴィシュヌ神に捧げたといわれるが、詳細は謎に包まれている。
一五世紀、隣国タイのシャム王国の侵攻によってアンコール朝は勢力を失い、アンコールワットはその後、四〇〇年の間、遺跡となって密林の奥深くに眠っていた。土地の人々の間には、「この遺跡は巨人がつくった」という伝説が残されていたという。一九世紀後半、フランスの手で「再発見」されるや、その芸術性の高さから「東洋の奇跡」と呼ばれ、世界的な遺跡として知られるようになったのである。

石澤が訪ねたとき、アンコールワットでは、フランス人研究者と地元カンボジアの学者、技術者の手によって、考古学的な学術調査と、老朽化の進む部分の修復が行われていた。アンコールワットの壮大な姿に打ちのめされた石澤は、案内してくれたグロリエに「修復作業を手伝わせてほしい」と頼み込んだ。

熱帯のジャングルのなかで、石と格闘する日々が始まった。

シェムリアプの近郊、いわゆるアンコール地方には、東京二三区ほどの広さのなかに、主要なもので六〇を超える石づくりの遺跡があった。石澤は、遺跡群を回っては、カンボジアの作業員に交じって崩れかけた石を木柱で支えたり、カビを取り除いたり、遺跡の内部にたまった水を竹ぼうきで掃き出す作業を手伝った。もちろん、日本人は石澤ただ一人。大学では味わったことのない充実した日々だった。

ある日、激しいスコールが降った。雨が上がったあと、見上げるとアンコールワットの尖塔の真上に、虹が架かっていた。石澤ははっとした。

「それはこの世のものとは思えない、深さを感じました。これは、偶然に虹が架かったわけじゃない。昔の人はこういうことまで計算して、ここにお寺をつくって神に捧げていたのかと……。それはやはり並大抵ではない、世界でもこんなことはないんじゃないかというふうに思っちゃったわけですね。——あとで知ったことですが、昔のカンボジアの人たちはその虹を伝って天国の神様が降りてきて、恵みを与えてくれると考えていたんです。すなわち、恵みというのは雨だと。雨が土のなかに滲みて、そして芽が出る。そういうごく当たり前の自然の営みのなかに、カンボジア人は信仰の世界を見つけていたのです」

プオンとの出会い

補修作業を手伝うなかで、石澤は一人の若者と親しくなった。石をうまく削れない石澤に、「こうやればいいんだよ」と教えてくれた男だった。遺跡保存官のプオン、二三歳。若き現場監督だった。

アンコールワットの修復現場はフランス人の研究者が中心で、地元のカンボジア人は技術者といえども、単純労働者のように扱われていた。そのなかにあってプオンは、自国の文化遺産を後世に残すという使命感に燃え、作業に当たっていた。

「アンコールワットは俺が守る」

　プオンは、アンコールワットをつくり上げた自国の文化に強い誇りを持っていた。ときには、指導係であるフランス人のやり方にも異議を唱えた。フランス方式の修復は、老朽化した遺跡の石を全部ほじくり出し、土台石にセメントを埋め込んで、その上に石を組み立て直す。しかしプオンは、「八〇〇年前のクメールでは、セメントではなく川砂を使っていた。砂を固めて土台の地盤をつくるべきだ」と主張した。

　プオンの口癖はこうだった。

「自分たちで、自分たちの遺跡を修復して、自分たちで人に見せる」

石澤には、プオンの姿がまぶしかった。自分と同い年の若者が、これほどまでに真剣に自国の文化のことを考えている。そのこと自体が驚きだった。

　ひるがえって自分はどうだろうか。

石澤の実家は北海道で履き物の店と旅館を営んでおり、両親は、将来息子が家業を継ぐと信じていた。石澤自身、特にやりたいものも見つからずに、数年間はサラリーマンをやり、その後、故郷に帰って跡を継ごうかと漠然と考えていた。プオンの誇りに満ちた姿を見た石澤は、そんな自分を恥じた。

　毎晩のように二人で語り合った。遺跡のこと、クメールの歴史のこと、自分たちの将来のこと。プオンはよく、「おまえの碑文の読み方はいつも間違っている」と石澤を冷やかした。「カンボジアのことを知りたいなら、もっと言葉ができなければダメだ」とハッパをかけた。

「アンコールワットは俺が守る」——使命感に燃え、作業に当たっていた遺跡保存官のプオン（左）。その姿に刺激を受けた石澤（右）は「俺は日本に戻り、一からアンコールワットのことを勉強して歴史学者になる」と言った。「また戻って来い」と言ってプオンは喜んだ。

言い争いになることもたびたびあった。

「おまえは外国人だから、いずれ国に帰ってアンコールワットのことなんか忘れてしまうんだろう」

石澤は熱くなって、「そんなことはない」と言い返した。

気がつくとカンボジアに来て一年が過ぎていた。

「サラリーマンになって、いずれ家業を継ごう」という漠然とした気持ちはすっかり消え、石澤はアンコールワットのことをもっと深く知りたいという思いでいっぱいになっていた。

石澤はプオンに言った。

「俺は日本に戻り、一からアンコールワットのことを勉強して歴史学者になる」

プオンは喜んだ。

「また、戻って来い」

ほどなく、石澤はカンボジアを離れた。

「プオンとは喧嘩もしたし、悪口も言い合ったけれども――、一言で言えば、一生の友だちだなと思いましたね。彼と出会って、ふらふらした自分に恥ずかしい思いもしたし、逆に勇気づけられもしました。これからいろいろ仕事をやろうというのが、二人の合言葉みたいなものでした」

内戦、そして道は閉ざされた

帰国した石澤は大学院に進んだ。東洋史を専攻し、カンボジアの歴史を一から勉強した。特に、石に刻まれた文字を読んで歴史をつづる、という学問＝碑刻文学の研究を続けて博士号を取得。パリにも留学し、碑文の研究に没頭した。

ところが、一九七〇（昭和四五）年、カンボジアで大事件が起きた。アメリカの支援を受けたロン・ノル将軍がクーデターを起こし、政権の中枢にいたシアヌークを追放したのである。シアヌークは北京でカンボジア民族統一戦線を結成して対抗。カンボジアは泥沼の内戦へと突入した。アンコールワットの修復は中断を余儀なくされ、プオンからの便りも途絶えた。

一九七五（昭和五〇）年、ベトナム戦争が終結し、アメリカの支援が停止されると、ロン・ノル政権はあっという間に倒れた。代わって中国文革派の支持を受けたクメール・ルージュが台頭。主導者ポル・ポトは、プノンペンを掌握して民主カンボジア政府を発足させると、極端な原始共産制的支配を掲げ、知識人階級の虐殺を断行していった。同時に国際社会との関係を遮断。日本との国交も断絶した。

カンボジアで何が起きているのか、外からはまったく知ることができなくなった。石澤は旧知の仲間の消息を血眼になって調べた。カンボジアに関する新聞記事はすべて切り抜き、友人やアンコール遺跡に関わる情報の収集に走り回った。フランスやアメリカなど国外に出国しているかもしれないと、日本のカンボジア大使館へ問い合わせた。もしかしたら届くかもしれないと思い、カンボジアに宛て、手紙を書き送ったこともあった。

しかし、それらはすべて徒労に終わった。カンボジアは、特派員でも入ることができないほどの鎖国状態だった。友人たちの生死さえわからない。東南アジアの通信社から発信されるカンボジア報道を見るために新聞社にも出向いていったが、何の手がかりも得られなかった。

強制移住と知識人らの虐殺――ポル・ポトの狂気に満ちた行為が、断片的に伝わってくるだけだった。

プオンは生きているのか。

「歴史学者になって、戻ってくる」との約束を胸に、ようやくアンコールワットの研究者として歩きはじめていた石澤。友の消息は完全に途絶え、眠れぬ夜が続いた。

二　亡き友に捧ぐ――アジアの至宝を救え

アンコールワットとの再会

一九七九（昭和五四）年、暗黒のポル・ポト時代が幕を閉じた。カンボジア救国民族統一戦線とベトナム軍がプノンペンを制圧。首都を追われたポル・ポト派は、国内各地に分散しゲリラ活動を開始したが、その一方で、ベトナムに支援されたヘン・サムリン政権によるカンボジア人民共和国が誕生。鎖国政策は解かれた。

石澤は、即座にカンボジアに飛びたいと思った。このとき石澤は四〇歳。プオンと別れてから、すでに一八年の歳月が流れようとしていた。しかしそのとき鹿児島大学に教授の職を得ており、授業を受け持つ身では、勝手に海外に行くわけにはいかなかった。

そんなある日、カンボジア帰りの新聞記者が石澤を訪ねてきた。

「アンコールワットで、あなたを探す人に出会いました」

石澤はとっさに思った。

「プオンだ」

樹立されたばかりのカンボジア政府は日本とは国交がなく、特派員として現地に赴いていた新聞記者に「遺跡救済活動を助けてほしい」という石澤へのメッセージが託されたのである。折よく、日本テレビがカンボジアの特集番組を企画しており、同行を促す話が石澤に持ち込まれた。

一九八〇（昭和五五）年八月、石澤はその取材クルーとともに現地に向かった。西側の研究者がカンボジアに入るのは、内戦が本格化して以来初めてのことだった。

タイのバンコクを経由してカンボジアに入国。プノンペンからは陸路アンコールワットへ、六〇〇キロの道のりを進むことになった。

内戦の傷跡は生々しかった。アンコールワットへと続く一本道は、とても道路とは呼べない悪路で、路肩には、壊れた戦車が打ち捨てられたままになっていた。つい数か月前にも、現地入りしたジャーナリストの一団が、ポル・ポト派の残党に襲われる事件があったと聞かされ、一行に緊張が走った。

石澤は、車窓に広がる光景を無言で見つめていた。がたがた道を揺られること、四〇時間。シェムリアプの市街地から、さらに熱帯雨林の森を抜けた瞬間、懐かしい石づくりの尖塔が見えてきた。

「帰ってきたぞ、アンコールワット」

ひさかたぶりの再会に、石澤の胸は高鳴った。車を降り、石づくりの参道を踏みしめるように歩いた。そして、石の回廊に足を踏み入れた瞬間だった。石澤は言葉を失った。

愛くるしくほほ笑んでいたクメールの女神。その顔が無残にも潰されていた。仏像は首が飛ばされていた。遺跡の表面に施されたレリーフには、兵士たちが試し打ちしたと思われる弾痕が数多く残されていた。ポル・ポト派兵士の宗教弾圧によるものだった。

人為的な破壊だけではない。熱帯特有の自然による侵食は、さらにすさまじいものだった。木の根の成長や浸水は遺跡の土台を崩し、繁茂した大樹が、大きな回廊や堂塔をすっかり覆い隠していた。コウモリの排泄物に含まれるアンモニアやカビが、石の表面のレリーフを溶かしていた。

内戦勃発以来二〇年もの間、ジャングルのなかに放置されていたアンコール遺跡は、廃墟と化していた。

破壊、虐殺、消された技術者

立ちつくす石澤のもとに、やせ細った男が近づいてきた。遺跡保存官のピッ・ケオ。

「あなたを探していたのは私です。ほかの仲間はみな、ポル・ポト派に連れ去られました。プオンの最期は、わからない」

ピッ・ケオは、堰を切ったように衝撃的な話を始めた。

ポル・ポト派の兵士たちは、官僚や知識人、軍人を見つけるや、容赦なく命を奪った。また、たとえ一般人であっても、彼らに反対したり命令に背いたりすれば、ためらうことなく殺害。なかには、軍人でもないのに「軍の高官である」と勝手に決めつけられ殺された者もいた。

狙われた人を助けることはできなかった。助けようとすれば、自分も殺されてしまうからである。アンコール遺跡保存事務所には、遺跡修復の技術者が三五人ほどいたが、ほとんどが殺害され、生き残ったのは三人だけだった。

石澤は、胸が締めつけられた。

「アンコールワットは俺が守る」

「あなたを探していたのは私です。ほかの仲間はみな、ポル・ポト派に連れ去られました。プオンの最期は、わからない」そう言って遺跡保存官のピッ・ケオは衝撃的な話を始めた。

「自分たちで、自分たちの遺跡を修復して、自分たちで人に見せる」

在りし日の友の言葉を思い出し、石澤は思わず涙がこぼれた。

「彼は悔しくて死んだのだろうなと……。ここにいて、ずっと遺跡の修復をやり遂げる——やっていくのが喜びだったのだろうと思うんですよね。本当に残念な、心にこたえる問題でした」

ピッ・ケオは、生き残った三人の技術者の一人だった。ポル・ポト派兵士の尋問を受けたとき、農民のふりをしたが疑いが晴れず、震える両手を広げさせられた。すると、遺跡修復の作業でゴツゴツになった無骨な手の平が、「労務者の証」と判断されて、幸運にも命拾いしたという。

ピッ・ケオは石澤に訴えた。

「遺跡の修復に力を貸してください」

石澤は、カンボジアから帰国すると、これまで打ち込んできた自分の研究を放り出した。研究環境は優れていても、身動きがとりにくい国立大学(鹿児島大学)を辞め、母校の上智大学に転籍した。そしてたった一人で、アンコールワットを守るための運動を開始した。

シンポジウムを開いて、遺跡の素晴らしさやクメール文明の重要性、そしてアンコールワットの保存の緊急性を訴え、新聞や雑誌にも投稿した。学会では変人扱いされたが、気にならなかった。

まもなく、学内に二人の賛同者が現れた。インドネシアのボロブドゥール寺院の修復をした客員教授の千原大五郎と、元ユネスコ職員で非常勤講師の河野靖。三人で上智大学アンコール遺跡国際調査団を結成した。

石澤たちは、何とかアンコールワットに国際社会の目を向けさせようと、文化財保存を管轄する国際機関ユネスコに対してもアンコール遺跡の重要性を訴えつづけた。しかし、反応は芳しくなかった。カンボジアはポル・ポト時代が終わったあとも、ベトナムに支援された政権と反ベトナムの三派が内戦を続け、国際的に完全に孤立していた。

それでも石澤たちは、何かをせずにはいられなかった。休暇をとってカンボジアに渡ると、付近の村人を雇ってアンコールワットの草刈りを始めた。放っておけば近い将来、アンコールワットは密林にのみ込まれてしまう。自らも鎌を持ちブッシュに分け入った。どこに地雷があるかもわからない、命懸けの作業だった。

石澤には、忘れられない光景がある。

廃墟と化したアンコールワットだったが、そこにはいつも、遠い村からの巡礼者や熱心に祈る僧侶の姿があった。病気の治癒を願ってお百度を踏む人もいた。石澤は思った。アンコールワットはただの遺跡ではない。カンボジアの人々にとってはいまも信仰の対象であり、精神的な支えなのだ。見捨てるわけにはいかなかった。

アンコール遺跡国際調査団結成

石澤たちの活動が、目に見える成果を得られぬまま九年目にさしかかったころ、カンボジアをめぐる国際情勢は劇的に変わりはじめた。

一九八九（平成元）年、旧宗主国フランスなどが、カンボジア国内で対立する四派の仲介に乗り出し、パリで第一回和平会議が開かれたのである。和平への模索が始まるなか、ユネスコもアンコール遺跡の現状調査に動き出した。石澤はその団長に選ばれた。

ようやく吹きはじめた「追い風」を逃すまいと、石澤はこれまでにも増して、アンコールワットの保存・修復の訴えを繰り返した。論文を書く時間を削って、企業や財団を回り寄付を呼びかけた。断られ、相手にされないことも多かった。しかし、石澤の熱意に、支援の輪は少しずつ少しずつ広がっていった。

二年後の一九九一（平成三）年一〇月、和平協定が調印され、二〇年に及んだカンボジアの内戦はようやく幕を閉じることになった。時を同じくして石澤の活動も大きな区切りを迎えた。地道な呼びかけが支援者を増やし、ついにアンコール遺跡の「修復」を目的とする三五人の調査団「アンコール遺跡国際調査団」が設立されたのである。

石澤には一つの決意があった。

ポル・ポト派の虐殺行為により、カンボジアには、クメールの伝統的石づくりの技能を受け継ぐ技術者はいない。しかも、修復を待つアンコールの遺跡は六〇か所以上ある。修復には気の遠くなるような時間がかかる。

われわれがなすべきことは、単に調査をしたり壊れた遺跡を修復したりすることではない。カンボジアの若者たちを技術者として育て、いずれはカンボジア人の手だけで修復を続けられるようにすることではないか――。それが、亡き友プオンの思いに応えることだと石澤は思った。

とてつもない計画だった。当時、石澤たちのプロジェクトと平行して、インドやフランス、ポーランドの調査団がアンコールワットの修復に乗り出そうとしていたが、そんな手間ひまのかかるやり方を考えているチームは皆無だった。しかし、石澤の決意は揺るがなかった。最新の技術を使えば修復を効率的に進められるとしても、そのやり方は間違っていると思った。石澤は語る。

「たとえば、日本の国宝の法隆寺が壊れたときに、アメリカの技術者がやって来て『最新技術で直してあげよう』と言ったとしたら、われわれ日本人はどう思うでしょうか。やはりこれは日本でやらなきゃというふうになりますよね。カンボジアも同じです。ただ、直せる人がいなくなってしまった。だからゼロからの出発で、一つずつ学んでいくということなのです。カンボジアの文化は、東南アジアのギリシアといわれているくらい奥が深い。その深い文化を自分たちの手で探ることで自分たちの過去を知り、そして自信を持つ。それが、国家建設だとか自分たちの国の将来を考えることにもつながっていくのじゃないかと思ったのです」

指導者がいない

石澤の計画には、カンボジアの若者たちに石づくりの技能を伝える「指導者」が不可欠だった。学者は理論を教えることができても、石の加工はできない。

石澤は、四方八方手を尽くして、クメールの技術を教えることのできる石工を探した。カンボジアにいないならば、日本の熟練の石工に技の伝授を頼めないかと考えたが、なかなか適任者は見つからなかった。

途方に暮れる石澤の姿をじっと見ている男がいた。アンコール遺跡国際調査団で建築チームを率いる片桐正夫だった。

片桐正夫は、一九四〇（昭和一五）年生まれで、長野県飯田市出身。日本大学理工学部建築学科の教授で朝鮮建築史を専門とし、これまで韓国で、木と石を使った遺跡の修復に携わってきた。

片桐は、かなり以前から石澤のプロジェクトに誘われていたが、カンボジアなどに関わったら自分の研究ができなくなると丁重に断りつづけてきた。しかし石澤の執拗な勧誘は止まず、根負けして、「一度だけ視察についていくか」とカンボジアへ同行したところ、アンコール建築を見て心底、驚嘆した。その日から、アンコールワットにのめり込んでしまったという根っからの研究者であった。

片桐の頭には一人の石工の顔が浮かんでいた。

一九八五（昭和六〇）年、片桐は郷里の父を亡くした。東京に父の墓を建てようと石工を探してみたが、なかなか納得のいく職人に出会えないでいた。翌年になって浅草の寺で、あるベテランの職人を紹介された。訪ねてみると、いきなり「うちは高いよ」と言われ驚いたが、仕事を見ると、ただ者ではないということが一目瞭然だった。

仕事の作法や材料選びにもとことんこだわり、非常に個性の強い石工だった。でき上がった墓は見事で、伝統建築で目の肥えている片桐をうならせた、そのうえメンテナンスも丁寧で、法事のたびに世話を焼いてくれた。

「とにかく、昔の技術に対しての思い入れがすごく強い人なんですよね。話しているうちにそういうことがだんだんわかってきたものだから、この人に頼めば、もしかすると人づくりとか何とかなるんじゃないか、と思ったんです」

鬼の石工と呼ばれた男

その男は千葉県流山市にいた。小杉孝行、五七歳。一八〇センチの巨漢で、「鬼」と呼ばれた石工だった。石職人として並外れた技を持っていた。

小杉は一九三六（昭和一一）年、東京で代々石材店を営む家に生まれた。父の背中を見て育ち、自然と石工になろうと思うようになったが、「親のもとでは甘えが出る、他人の飯を食えば勉強になる」と自ら決意して、一一歳で武者修行のため家を出た。

負けず嫌いな小杉は、人に負けない、人ができない仕事までやってみたいという一心で、全国を渡り歩いた。

独り立ちしてからも寺院の山門、墓石、慰霊碑、ホテルや銀行のカウンター。そして大手建設会社の施工による日本邸宅、奈良の名刹、皇居の石垣など、ありとあらゆるものを手がけた。そのなかで「石」に対する確固たる哲学を築き上げた。

ある日、宮大工から「柱に合わせて、土台の石を削ってくれ」と言われたことがあった。小杉ははねつけた。石のことをわかっていないと怒った。

「建物を支えているのは何か――石なんです。木と石と一体なんです。だから、石が弱くなれば木は当然ダメになる。石がきちんとしていて初めて、木が長持ちする。法隆寺は、一二〇〇年たっている。何でああいうふうに長くもつかというと、石が水分を切っているからなんです」

ときには生活のためにやりたくない仕事をすることもあったが、納得のいかないときは、発注者である建築会社の目の前で、でき上がったものを壊した。高名な建築家の設計を、「石の本当の価値を損ねる」と言って勝手に設計変更し、でき上がったときに設計者から苦情を言われて、頭にきて全部壊して帰ってきたこともあった。片桐は、父の墓をつくってもらって以来五年以上のつきあいで、小杉の性格を熟知していた。「頑固」を絵に描いたような小杉をどうやって説得するか。片桐は一計を案じた。

法事で顔を合わせたとき、観光旅行に行こうと、小杉をカンボジアに誘った。

「『この間、カンボジアのアンコールワットに行ってきたんですけれど、すごく面白いんです。小杉さんは石の専門家だから、見たらきっと面白いと思うので、僕がご案内しますから、一度、行きませんか』と言ったんですよ。そしたら、いとも簡単に『それは一度行ってみたいと思っていたんです』と言ってくれたんです」

一九九三（平成五）年、片桐は小杉を連れカンボジアに向かった。小杉は旅行気分で上機嫌だっ

「頑固」を絵に描いたような小杉（右）を、「アンコールワット修復の技術指導者に」と思った片桐（左）は、「観光旅行に行こう」とカンボジアに誘った。小杉は旅行気分で上機嫌だった。

た。タイからプノンペンを経由し、四日半かかって現地入りした。

アンコールワットには正面から車で入った。遺跡を目にした瞬間、小杉は全身が総毛立った。そして、車から降りて参道に立ったとき、「これは」と言ったまま、その場から動かなくなった。小杉は後日、その衝撃を興奮まじりにこう語っている。

「こんなすごいのがあったのかと……。話には聞いていたけど、驚いた。身の毛がよだったよ。ダーっと、鳥肌が立った。どんどんアンコールのなかに入っていったけど、もう本当に口がきけなかったもの。日本だってこれだけの仕事はないわけですよ。これを見たときには、本当に自分というものを疑っちゃいますよ。この南国にこんなすごいものがあったのかと思った」

帰国するや、片桐は、小杉に協力を頼み込んだ。

「クメールの伝統的な技法を復活させ、人を育てて、アンコールワットの修復をやりたい。力を貸してほしい」

小杉は家族に相談して決めると答えた。

石工を育てることがどれほど難しいかを知りつくしている小杉の妻・美代子は反対した。それに小杉は五〇代も後半。もう無理がきく年ではない。嫌がる妻に小杉は言った。

「カンボジアの遺跡が崩壊している。やらなくちゃしょうがないだろう。自分のやり方でカンボジアの石工を育てたい」

妻はしぶしぶ条件を出した。

「六五歳の誕生日でやめてください」

夫の身体を案じての条件だった。

まもなく、小杉は片桐に「カンボジアに行く」と告げた。鬼の石工の目の色が変わっていた。アジアの宝・アンコールワットをよみがえらせる——壮絶な闘いが、幕を開けようとしていた。

三　鬼の石工、届かぬ思い

遺跡修復プロジェクト始動

一九九四（平成六）年、新たなプロジェクトが動きはじめた。

遺跡の修復作業については、鬼の石工・小杉孝行を石造技術の指導者として招き、小杉を口説いた韓国伝統建築の専門家・片桐正夫を中心に検討された。

現地でのとりまとめ役は、上智大学アジア文化研究所研究員の三輪悟。遺跡を多角的に調査するために「社会経済・環境学」「建築構造学」「建築材料学」「地質学」「考古学」の専門家も参加し、さらに、総勢五〇名あまりの現地カンボジア人スタッフも加わった。ユネスコをオブザーバーに置き、カンボジア政府が設立したアンコール地方遺跡整備機構「アプサラ」と協力しながらの、長期一大プロジェクトである。

活動に当たっては、カンボジアの自立を助けるために、技術者、技能者の養成を行うこと、クメール建築のオリジナリティを最大限保存することなどが基本方針に掲げられた。

修復作業をクメール建築の伝統的手法に沿って行うかどうかについては、当初プロジェクトのなかでも意見が分かれた。そもそも、アンコールワットが建築的にどのように築き上げられているのか、その詳細は謎に包まれていた。伝統的な手法にこだわるということは、それを一から調べ直すことを意味する。

「本当に、そんなことが可能なのか」

「現代的手法のほうが安全なのではないか」

異論を唱える声も多かった。しかし、修復プロジェクトを率いる片桐は、伝統的手法にこだわった。アンコールワットはクメール人の知恵の結集である。いま、それをよみがえらせなければ、クメールの知恵は永久に失われてしまうことになる。

カンボジア政府の要請により、最初に修復に当たるのは、アンコールワットの表玄関ともいうべき「西参道」に決まった。

西参道は、長さおよそ二〇〇メートル、幅一二メートル、高さ四メートル。巨大な立方体の石材を組み合わせてつくられた石畳の参道で、遺跡の周囲を囲む環濠を横切り、寺院の中心へと参拝者を導く聖なる道である。

一九五二年に大崩壊が起き、六〇年代フランスの手によって参道の南半分は修復されたが、北半分は放置されたままで非常に危険な状態に陥っていた。これだけ大規模な石造建造物の修復は世界的にも例がなかった。

崩壊した道、再建への道

一九九四（平成六）年一二月。石澤、片桐、そして小杉は、アンコールワット西参道に降り立った。小杉は、祈りを捧げる人々が行き交う参道をじっとにらんだ。あちこちで石組みが崩壊していた。

小杉はいきなり靴を脱ぐと、傾いた石の上を素足で歩きはじめた。五感を研ぎ澄まし、クメールの石を体で感じるためだった。

「体全体に感じるものがある。足の裏ばっかりではない。体から目にかけて感じるものがある。そこを調べてみる」

参道には、「空積《から》み」と呼ばれる高度な技法が用いられていた。それぞれの石はただ組まれているだけで接着剤は一切使われていない。石を正確に切り出し、表面を徹底的に磨くことで、石と石との間に隙間を空けず密着させて組み上げる難しい手法である。その石が、いたるところで陥没し、また隆起していた。石畳の下の地盤が何らかの原因で沈下し、崩壊に至ったことは明らかだった。

大変な修復になると思った。しかし、それだけにやりがいもある。

九〇〇年もったものならば、あと九〇〇年もつ修復をしてみせる。それはクメールの石工への挑

小杉は若者たちを加工場に連れて行った。「最初が肝心だ。なめられたら修業にならない」目の前の200キロはある石を素手で一気に動かした。みな度肝を抜かれた。石の重心を巧みに操ることで巨石を動かす熟練の技だった。

戦だ——小杉は、自らに気合いを入れた。

アンコール地方遺跡整備機構「アプサラ」に顔を出すと、若者たち二〇人が小杉を待っていた。これから石工として小杉の指導を受ける者たちである。全員が近くの村の村人で、もちろんズブの素人ばかりだったが、指導を受けながら腕を磨き、いずれはアンコールワットの修復を直接手がける、いわば「金の卵」である。修業時代から給料も支払われることになっていた。

小杉は若者たちを加工場に連れて行った。

「最初が肝心だ。なめられたら修業にならない」

目の前に、一個二〇〇キロはある大きな石があった。五八歳の小杉はすたすたとその石に近づくと、素手で一気に動かした。みな度肝を抜かれた。単に力が強いだけでは二〇〇キロの石は動かない。石の重心を巧みに操ることで巨石を動かす熟練の技だった。

さらに腕相撲を試した。次々と挑みかかる若者たちを、小杉は片っ端から負かした。まったく相手にならず、子ども扱いだった。

若者たちは驚きの表情で小杉を見ていた。一方、小杉は心のなかで不安になっていた。力がなさすぎる。これで石工が務まるのか――。

「握る力、腕の力、こういうものを腕相撲のなかとか、いろんな遊びのなかから、私は、彼らの体から読み取っていったわけですよ。彼らは一人ひとりみんな違うんだけど、これはたいへんな時間がかかると思ったね」

一人前の石工になるためには、石を削る技術だけでなく、「石工の肉体」が不可欠である。それがなければ重い石を動かせないし、だいいち疲れてしまって仕事に集中できない。「小僧八年、礼奉公一年」合計九年で一人前、独り立ちには一五～二〇年といわれる石工の世界。しかし、遺跡の修復には時間の余裕がないことは明白だった。独り立ちは到底無理でも、何とか三年で現場に立てるようにしなくては、と小杉は自らに言い聞かせた。

鬼の親方と石工の卵

修業が始まった。まずは「道具づくり」だった。ポル・ポト派の虐殺によって技術者を失ったカンボジアには、石を削るための工具もほとんどない。小杉は現地でくず鉄となった自動車を買うと、そこからスプリングを取り出して鋼材にし、それでノミやタガネをつくりはじめた。鋼を真っ赤になるまで高温で熱し、それを金槌でたたいて延ばしていく。いわゆる鍛冶屋の仕事である。カンボジアの石の性質に合わせて鋼の焼き方も微妙に調整する高度な技術に、若者たちは目を丸くした。

道具が揃うと、いよいよ石に向かうことになった。トレーニングの場所は、西参道から遠く離れた、遺跡の脇にある森のなか。そこには、アンコールワットの土台に使われている石「ラテライト」が大量にうち捨てられていた。格好の練習場所だった。

小杉は、若者たちに言った。

「石は重く、硬く、もろい。刃の入れ方を間違えれば、簡単に砕ける。やり直しはきかないぞ」

通訳はいなかった。したがって、誰も言葉の意味はわからなかったが、小杉は意に介さなかった。職人の技は、言葉で伝わるほど簡単なものではない。体で伝え、体で覚え込むしか伝承の道はないのだ。

小杉は金槌とノミを手に取ると、手本を見せはじめた。

アンコールワットをつくり上げているラテライトという石は、鉄分、アルミニウムを多く含み、赤く、目がきつい。硬さが一定せず、ごまかしのきかない難しい石である。日本にはなく、小杉自身も削るのは初めてだった。石の目を読み間違えると、荷重がかかったときに割れてしまう。

小杉はラテライトに切り裂くように刃を入れた。金槌の音が小気味よく森のなかに響いた。二時間後、石は仕上がった。表面は絹のように滑らかで、角は見事な直角。完璧な技だった。

続いて小杉は若者たちに自分で石を削ってみろと言った。みなうれしそうに見よう見まねでノミをふるいはじめた。しかし五分を過ぎると、手が止まった。重さ二キロの金槌を持てあましていた。体力がなく、仕事が続かなかった。

若者たちが何とか石を仕上げたのは一週間後だった。小杉は黙って石に差し金を当てた。直角にはほど遠かった。小杉は言った。

「これでは、石を積んだとき隙間だらけで、すぐに崩れ落ちる。差し金に吸いつかなくてはダメだ」

石の表面に手を当てた。でこぼこでささくれ立っていた。

「石の肌が死んでいる。数年たてばぼろぼろにはがれ落ちる」

まったく使いものにはならなかった。

立ちふさがるクメールの謎

修復の責任者・片桐正夫は、毎日西参道に足を運び調査を続けていた。参道は本来、どのような工法で組まれていたのかを調べるためである。

参道の南半分は、内戦以前にフランスが修復を施していた。その方法は、石組みの内部構造を大きく変え、セメントモルタルで崩壊箇所を補修するという、建造当時の工法をまったく無視したものだった。一方、建造されて以来手が入っていない参道の北半分は地盤が沈下し、いまや石畳は崩壊している。つまり、クメールの時代に参道がどのようにつくられたのか、その工法の解明はきわめて困難な状態となっていた。

調査を始めてまもなく、片桐は不思議なことに気づいた。アンコールワットの西参道には雨水の排水口がなかった。現代建築では、必ずどこかに雨水を逃す排水口が設置されるのが常識だ。

「これは欠陥工事だ」と片桐は思った。

しかし、強烈なスコールが降ったあと、参道に駆けつけてみると雨水はきれいに消え去っていた。まるで手品のようだった。古代クメール人の設計のミスなのか、それともこの遺跡には、現代人には計り知れない古代の知恵が隠されているのか。目の前に現れた謎の答えを見極めないことには先には進めない。片桐は西参道の具体的な修復工事計画を立てることができなかった。

一方、アンコール遺跡国際調査団全体のリーダーである石澤良昭は、寸暇を惜しんでカンボジア中を飛び回っていた。プノンペンでは、芸術大学建築学部の学生たちに、考古学の基本的な手法を教えた。将来、アンコールの遺跡保存の先頭に立つ人材を育てるためである。上智大学大学院の丸井雅子が人材養成担当として、カンボジア人の若い学者の卵に、遺跡の調査法や遺跡の保存管理のやり方を一から伝授した。

さらに石澤は、アンコール地方にある六二か所の遺跡を回っては、今後の調査・研究の計画づくりを進めた。

どこの遺跡でも密林による侵食は激しかった。特にタ・プロムという遺跡では、巨大に成長した樹（スポアン）が遺跡にのしかかり、大きく広げた根で遺跡をわしづかみにしていた。

放っておけば遺跡がジャングルにのみ込まれてしまうという危機的な状況は、内戦が終結し、カンボジアに平和な時代が訪れてからも一向に変わっていなかった。

「われわれには時間がない」

石澤は焦りを覚えた。

鉄拳に込めた思い

「鬼の石工」小杉孝行は、毎月のようにカンボジアと日本を往復していた。

カンボジアに入ると、短くて一〇日、長いときには一か月滞在し、若者たちの指導に当たった。修業は、来る日も来る日も同じことの繰り返しだった。黙々と石を運び、石を削る。小杉は手本は見せるが、決して手取り足取りは教えなかった。

小杉が語る。

「アンコールの遺跡は、半紙一枚が通らないくらい石と石がピタッとくっついている。石工に技術がなければ不可能なことですよ。本当にいい仕事をやるには、きちっとした基本が大事なのね。最初からきちっとした仕事を身につければ、どんな仕事もきちっとできる。最初から早く仕上げればお金になる、とそういうふうに育っちゃうと、いい仕事はできないんだよ。お金儲けでやるんだったら、こんなことやる必要ない。カンボジアは建築ブームなんだから、そっちをやればいい。でも、それをやってたらカンボジアの遺跡は誰が守るの？　ということになってしまう」

練習場所の森のなかで、小杉は一人の若者を毎日怒鳴りつけていた。

「こんなんじゃ日本に来たらパカッて殴られるぞ、おまえ。外、歩けないぞ、こんなことやってたら」

ハウ・トイ、二九歳。遺跡を盗掘から守るために、夜警としてアプサラに出入りしていた警察官だった。小杉が石工を指導している現場を見て、自分も技術を身につけたいと、安定した警察の仕事を辞めて飛び込んできた。人一倍仕事熱心なまじめな男だった。

そのトイを、小杉はときに手の平の跡が残るほど強くたたいた。ちょっとしたミスでもほかの者よりも厳しく叱責した。なぜ自分だけ怒られるのか、トイにはわからなかった。

「私は一人前の職人になろうと、必死にやっていました。しかし、彼は私に厳しくて、とても怖かったです。毎日おびえていました」

小杉が怒鳴るのには訳があった。自ら志願してきたトイは、初めて会ったときに「骨のある子」だとわかった。作業場には屋根がないため雨の降る日は作業にならず、ほかの者は顔を出さなかったが、トイだけは絶対に休まなかった。芯は強いが、気性は穏やかで、いつも小杉の技をじっと見ていた。

「できない人にはやらない。できる人に厳しくした。そういう子を育て上げなければ、周りの子はついてこられない。できる人はできない人をフォローしていく。それで自然と上達していく。だから、できる人にはいちばん厳しくやった。もう、どんどんのびてもらわなくっちゃ困るから、厳しくやったよ。つらかったと思うよ。それはびしびし言ったからね」

アンコールワット西参道の修復は、あと一〇年はかかる。小杉はトイを鍛えて親方にしたいと思っていた。

「仕事はよくできて当たり前、失敗したら命取り。そういうふうに自分で自分に言い聞かせるような男にならなけりゃダメなんですよ。トイにはそこを教えているわけですよ」

安定した警察の仕事を辞めて自ら石工となることを志願してきたハウ・トイ。小杉はトイを「骨のある子」と認め、ほかの者に対するよりも厳しく指導した。しかしトイはこのとき、なぜ自分だけが怒られるのかわからなかった。

どんなに鉄拳を振るわれても、トイは黙々と修業に打ち込んだ。

トイは子どものころから手先が器用で、将来は職人になる夢があった。しかしポル・ポト政権の時代、父親と兄を殺され、トイ自身も家族と引き離され農村での強制労働に従事させられた。想像を絶する苦しい時代をくぐり抜けてきたトイ。自由に修業ができるだけでうれしかった。

離れていく若者たち

プロジェクトが動き出して三年が過ぎた。小杉の厳しい修業は変わることなく続いていた。その一方で、修復の責任者である片桐や石澤は、プロジェクトの行く末にある危機感を抱くようになっていた。若者たちの多くが、次第にやる気を失いはじめていたのである。

いたしかたない面もあった。若者たちはボランティアではなく、お金のためにこの仕事に集まっていた。カンボジアは内戦の混乱からまだ立ち直っておらず、彼らの暮らしも貧しく、家族を抱えて生きていくだけでも精一杯だった。大半の者は終わりの時間が来るとさっと帰ってしまい、それ以上のことは何もしない。トイのように熱心な若者はまれで、給料さえもらえればよいという者がほとんどだった。片桐は語る。

「まず、食わなきゃいけない、どうやって生計を立てるかということが彼らにとってはいちばん先決なんです。われわれのように高邁なことを言って、文化だなんだっていうのはどうでもよくて、それよりも明日の生活、今日の生活なんです」

そんな若者たちの心情が、そばにいる小杉にわからないはずがない。小杉が当時を振り返る。

「年中、一年も二年も本当に繰り返し同じことばっかりやらされていたわけですよ。そのうち心がだんだん抜けていってしまうんだよね。ただ時間から時間まで来りゃいいや、と。お給料をもらえばいいや、ってね。これじゃダメなんですけどね……」

森のなかでの修業は、時がたつにつれ、より過酷なものになっていた。

雨が降ると地面が緩み、石を動かすのはたいへんな重労働だった。まとわりつく蚊にも悩まされた。それぞれが用意できる昼食は相変わらず質素で、人によってはその日食べるものがないということもあった。

多くの若者が、小杉の目を盗んでさぼるようになった。二日酔いで遅刻してくる者まで現れた。

そんなとき、小杉はこう言った。

「誰のためでもない。自分のための修業だ」

幼いころより厳しい修業に耐えてきたからこそいまの自分がある。昔気質の職人である小杉には、そんな強い自負があった。しかし異国の若者たちには、なかなかその思いが伝わらない。

若者たちの不満の声が、次第に小杉や片桐の耳にも入ってきた。

「ここは給料が安い」

アンコールワットでは、このプロジェクト以外にも、フランスやポーランド、日本政府が派遣したチームが修復作業を進めていたが、給料はここの一・五倍あった。このプロジェクトは政府の援助を受けない民間のNGO、資金はすべて寄付によるもので、とにかく予算がなかった。

若者たちは、櫛の歯が抜けるように辞めていった。

修業に来る者は当初の半数以下になったが、小杉は引き留めようとはしなかった。「辞めていく者には辞めていく者の理由がある。縛ることはできない」と言った。辞めた者をほかの現場で見かけたときには、「頑張れよ」と声をかけた。

「つらい気持ちはありましたよ。だけど、それに負けたら私がここへ来た意味がないでしょう。誰のためでもない、カンボジア自身のためなのです。だからこうやって厳しくやっているわけなんです。本当のことを言って、こんなつまんない仕事はないんですよ。骨が折れて、年季が長くて、厳しい。職人のなかでは、昔から石屋がいちばん大変なんだ」

小杉は思った。自分についてくる者だけが残ればいい。

三年に及ぶ厳しい修業で、それなりに若者たちの力量は上がっていた。ほかのプロジェクトの石工のチーフだって、ここに来ればいちばん下っ端だ。それだけ自分の弟子には技をたたき込んできた。

しかし、まもなく小杉の自信をうち砕く衝撃的な事件が起こった。トイが「辞める」と申し出てきた。アンコールワット周辺には、外国からの観光客を当て込んだ外資系のホテルが次々と建設されており、トイは稼ぎのよいバイクタクシーの運転手になると言った。小杉は言葉を失った。初めて「辞めるな」と引き止めた。片桐は驚きよりも怒りが先に立った。

「トイさんは、自分はこの仕事を本格的にやってみたいと、僕のところに警官のバッジを持って来て、これをその証に預ける……、日本語で言えば『不退転の決意』で臨んでいるので、ぜひやらせてくれ、と言ってきた人だったんですね。その人が、たかがと言ってはあれなんだけれど、お金――そのことで辞めるというのはとても……。せっかく小杉さんもその気になって育てようというのに、辞めるという手はないだろうと……」

トイには三人の子どもがいた。少年時代を強制労働で過ごしたトイは、子どもたちをどうしても学校に行かせたかった。プロジェクトからもらう給料では家族が食べていくのがやっとで、教育費を捻出することは難しかった。

小杉や片桐の引き止めもむなしく、トイは現場から去った。石工が育たなければ修復工事はできない。プロジェクトの行く手に暗雲が立ち込めはじめた。

四　よみがえれアンコールワット、東洋の奇跡

心からの「弟子」として

一九九八（平成一〇）年、小杉は六二歳になった。アンコールワットに関わりはじめて四年。一年のうち三か月から半年はカンボジアで過ごし、往復は二〇回を数えた。

小杉は、自分の残り時間が少ないと感じはじめていた。石工は仕事柄、肺の病いで早死にすることが多い。すでに、小杉は長年の重労働で、足腰もがたがたになっていた。カンボジアに発つ直前、いつ死んでもいいように自分の墓をつくっておいたが、はたしていつまでカンボジアに通うことができるだろうか。小杉は焦りを感じた。しかも、カンボジアの若者たちとはなかなか思うように気持ちが通じ合えなかった。

若者たちに、体力がつけば少しは修業も楽になると思い、小杉は帰り際に「栄養をつけろ」と、

米や鶏を丸ごと一羽買って持たせたりもした。しかし、いっこうに筋肉はつかず、彼らの表情は明るくはならなかった。

ある日、小杉は現場を離れ、こっそりと一人の若者の家を訪ねた。いちばんやせ細ったソー・サイム。いつも仕事を休んでばかりいた。農村にある彼の家は、電気も水道もない隙間だらけの掘っ立て小屋だった。そこに、妻と六人の子ども、そして妻の妹とともに暮らしていた。サイムは、もともと農民で自分の田んぼを持っていたが、それは悲しいほど小さな土地だった。農業だけで家族九人が食べていくことは到底不可能だった。

サイムは、当時の状況をこう語る。

「私の家の農地は狭く、そのため生活は大変でした。ですから、石の仕事をしてもらった金で米を買ったり、さらにたりない分を何とかやりくりして食べていました。でも十分なはずはありません。おかずの魚も買わなければならないし、子どもの服も買わなければいけない。子どものノートを買わないといけない、学校に持たせてやる金……給料でたりるはずがありませんでした」

サイムは、小杉が持たせた米をすべて子どもたちに食べさせていた。サイムの体力が続かない理由がわかった。でも、なぜ話してくれなかったのか——小杉はショックだった。しかしこれがカンボジアの現実だった。

小杉は、ふと思った。自分は、若者たちを心から「弟子」と思っていただろうか。

「自分が本当にいたらない、というのが、このときわかったわけですよ。相手の気持ちをお金で結びつけたりしてね。随分愚かだなと思った。そういう気持ちじゃ、カンボジアの人たちが育つはずはない。早く言えば、自分のいたらなさ、自分の気持ちの小ささ。カンボジアへ来ても、日本と同じような気持ちでやっていた。『何やってるんだ、おまえ、こんなのもわからないのか』ってね」

当時のことは正直なところ思い出したくない、と小杉は言葉を濁す。剛気な小杉がそれほど悩んでいた。しかし小杉は思い直した。誰かがやらなければ、アンコールワットは守れない。ほかに一体誰がやるというのだ。

「自分の本心を彼らにぶつけていけば、わかってくれるだろうと、これっきゃないよね」

小杉の態度が変わった。仕事が終わると若者たちを食事に連れ出した。

「腹いっぱい食べろ。弟子の面倒を見るのは、親方の役目だ」

亡き友の思いを伝える

リーダーの石澤は、若者たちをつなぎ止めるためにも、少しでも給料を上げてやりたいと思っていた。企業を回って新たな寄付を募った。

しかし、満足には集まらなかった。長引く不況のなか、遠く離れたカンボジアのために金を出してくれる企業はごくまれだった。ほかの研究者からは、「君は、営業ばかりしているね」と嘲笑される始末だった。

石澤は、金に頼らずに若者たちを引き止めるため、ある行動に出た。若者たちを集め、壁画の前で講義を始めたのである。学者の卵である大学生たちだけでなく、石工たちも呼び集めた。カンボジアの若者たちの多くは、驚くほど自国の歴史を知らなかった。

一三世紀にアンコール文明が途絶えて以降、シャムとベトナムという列強に挟まれ、カンボジアの領土はどんどん縮小していった。歴史のなかで力を消耗するうちに、民族の文化を後世に伝える努力は忘れられた。その後フランスの保護領を経て、独立を果たしたあとも、米国・中国・ソ連といった列強の影響で国内は長らく分裂状態だった。民族として一つにまとまり、自国の文化に対する誇りを育てる機会が持てなかった。

たとえば、アンコール遺跡のことを付近の住民は「石の家」と呼ぶ。彼らは遺跡のなかで薪を集め、濠で魚を獲り、野草や樹脂を採取して暮らしており、この「石の家」の歴史やその存在の意義はほとんど知らなかったのである。

「一二世紀に花開いた、世界で最も優れた文化がここにあったのです」

不幸な過去により自分の国の価値を知らない若者たちに、石澤は懸命に教えた。さらに、四〇年にわたる自分とカンボジアの関わりを熱っぽく話した。二〇代でのアンコールワットとの衝撃的な出会い。この地で心からの友を得、その親友を内戦で失った体験。そして、亡き友がこの遺跡に込めていた思いを切々と語った。

「彼らは志半ばで亡くなった。わたしはその人たちの夢をかなえたい。だから手伝ってほしいのです」

石澤は、金に頼らず若者たちを引き止めるため、ある行動に出た。不幸な過去により自分の国の歴史を知らない彼らを集め、壁画の前で講義を始めたのである。そしてプオンはじめ亡き友たちがこの遺跡に込めていた思いを切々と語った。「わたしは彼らの夢をかなえたい。だから手伝ってほしいのです……」

石澤は講義だけでなく、森のなかの修業現場を訪ねて、若者たちに同じ話をした。休憩時間に膝をつき合わせて、亡き友の思いを語った。

「まず、彼らが本気になってくれなきゃいけない。自分の過去を語って彼らに伝えることによって、彼らが『やるぞ！』という気を起こす――それがいちばん望んでいたところなんです。

石工さんは単に石を削り、組み直すだけではないんだと。石のなかに込められている時間の流れ、文化の流れ、そういうものを知ってほしい。そうすることによって石工さんも、自分が削る石は決してただ単に取り替えた石なのではなく、後世の人たちに文化を伝えていくものなのだということをわかってほしいのです」

懸命に語る石澤の言葉に、若者たちは、なぜ日本人がカンボジアにまで来てこんなことをしているのか、次第にその理由を理解するようになった。

暗黒の時代に寸断されながらも、営々と続いてきたカンボジアの歴史と文化。自分たちは、その継承者なのだということに気づいたとき、若者たちの目の光が変わった。そして本気で石に向かいはじめた。

解き明かされたクメールの秘密

修復の責任者・片桐正夫は、参道の謎に挑みつづけていた。なぜアンコールワットの西参道に排水口がないのかという謎である。

現代建築では、排水口をつくるのは常識だ。アンコールワットに排水口がないのは、クメール人の設計ミスなのか、それともなにか深い意味があるのか——。一九六〇年代、西参道の南半分を修復したフランスのチームは、自分たちの手で新たに排水口を設けていた。

ある日のことだった。たたきつけるようなスコールが降ったあと、西参道を訪れた片桐の眼は、フランスがつくった排水口に釘付けになった。雨水とともに土が流れ出していた。

片桐は「まずい」と思った。うかつに排水口をつくれば、強烈なスコールが内部の土を押し流す。いずれ石畳の下の地盤は沈下を余儀なくされ、参道は遅からず崩壊する。

アンコールワットに排水口がないのは設計ミスではなかった。

「現代の技術というのは、自然と調和するというよりも、自然を克服するという思想ですから、そういう意識で修理なんかも行われるのですが、水を勢いよく流すということは、水と同じ勢いで土もいっしょに流れ出てしまう。水というのはいろんな恵みをもたらすけれども、反面、われわれのつくったものを壊すという作用も持っているわけです」

片桐は感心する一方で、また、考え込んだ。排水口がないならば、大量に降る雨水はどのようにして排水されているのか。片桐は決断した。

「石をはがし、参道の内部を調査する」

一度解体したら、あと戻りはできない。建築や考古学だけでなく地質の専門家も加えて、調査隊が編成された。

空積みされている石を慎重にはがし、数度にわたって、参道の内部と地下の地質を徹底的に調べ上げた。

驚くべき構造が明らかになった。参道の表面は「空積み」の砂岩、側面はラテライトの石が組まれて石畳を形成していることは、これまでの調査でもわかっていた。ところがさらにその内部は、粘土、川砂、ラテライトの石くずを何層にも積み重ねた盛り土で形成されていたのである。

片桐は次のように推測した。

アンコールワットを襲う猛烈な雨水は、まず表面に隙間なく敷き詰められた砂岩が跳ね返し、脇の環濠へと逃がす。あるいは強烈な太陽光が蒸発させる。

問題となるのは微細な隙間から侵入する雨水であるが、こうした水は、石畳の下部の砂層がまずその勢いを止め、分散させながら下に浸透させる。そして、その下の粘土質の層で確実に水を受け止める。それからじっくりと下へ逃がし、さらに最下部のラテライト層で横方向に水を誘導する。すなわち、幾層にも重ねられた内部の層が、水の勢いを止め、ゆっくりと側壁の外に水を滲み出させているのである。古代の職人の驚異的な知恵に片桐は感服した。

「昔の人が、どうしたら自分たちのつくったものが千年も万年も永久に生き残っていけるか、ということを一生懸命考えた。それがこういう形で工夫された。とにかく謎を解いた喜びもさることながら、それよりも昔の人がこういう工夫を凝らしたことへの驚きです」

クメールの知恵の一端を目のあたりにし、片桐はありし日のアンコール朝の栄華の秘密に触れた気がした。ほとんど一滴も雨が降らない乾季と局地的に水煙が立つほどの降水量となる雨季。雨水をどのように貯え、またどのように排水するか。水を自由に調節する技術を手にしたとき、アンコール文明の発展は約束されたのである。

自然のなかにある様々な土や砂、石をそれぞれの性質を生かしながら組み合わせて、水をコントロールする。アンコールワットは、その技術が頂点に達した「水利都市」の傑作だった。

片桐は語る。

「昔の人は、自然が与えてくれたものを使ってものをつくるわけですから、その自然がつくってく

「なぜ排水口がないのか」——参道の謎に挑みつづけていた片桐。徹底的な内部調査によって、自然の土や砂、石それぞれの性質を生かしながら組み合わせて水をコントロールするという、驚くべき構造がわかった。片桐は「謎を解いた喜びもさることながら、昔の人がこういう工夫を凝らしたこと」に感服した。

れたものの性質をいろいろ研究するわけですよね。材料に対して謙虚になっていくんだと思うんです。材料の持っている長所とか欠点、そういうものを見抜いていくことにもなるわけです。欠点をできるだけ補って、長所をできるだけ生かす、そういう材料の使い方、工夫というのがそこから出てくる。現代人は逆に、自分で全部コントロールできるという自信がありますから、自分たちがこうしたいという材料をつくってものをつくっていくけれども、昔の人は自分でつくるのではなく、材料に素直に向き合う。自然の材料を観察することから、ああいう知恵が生み出されていったんだと思うんです」

出直しは、一兵卒から

小杉が率いる石工たちの修業現場は、活気づいていた。

みな、目を皿のようにして、小杉の実演を見つめるようになった。小杉も片言のカンボジア語で説明する。石の加工がうまくいけば「いいぞ」と声をかけた。かつて、終了時間になれば即座に帰宅していた若者たちが、残って練習を続けるようになった。

そしていつしか、小杉は若者たちから「パパさん（おとうさん）」と呼ばれるようになっていた。

ある晩のことだった。小杉の部屋をノックするものがいた。ドアを開けた小杉は驚いた。辞めていったトイだった。

「二年の修業を捨てたことを悔やんでいます。もう一度、石を教えてください」

頭を下げて詫びるトイの姿に、小杉は素直に心を動かされた。

「それはうれしいですよ、それはね……。やっぱり、自分で目をつけていただけに、それはうれしいですよ」

バイクタクシーをしているときは、稼ぎはよかったがとにかく疲れる毎日だった、とトイは告白する。

「石の仕事は、給料のことで辞めました。子どもを十分に学校に行かせていなかったから……。でも、辞めたあとでよく考えたら、ばかだな、と。二年間、先生が教えてくれたことをなくしたのですから、とても後悔しました。何の技術も習得できないんです。バイクタクシーでは何も残らないんです」

もともと将来の親方と見込まれていたトイだったが、一度辞めた人間がすんなりと元の椅子に座っては、チームのほかの人間に示しがつかないし、彼自身のためにもよくない。小杉と片桐は相談して、トイにある条件を告げた。

「いったん辞めた人間は、戻ってきたときには一兵卒から出直しになる。それでもいいのか」

それでもやらせてくれ、とトイは申し出た。

「必ず戻ってくると、私は信じていました」

後日、小杉はこう語ったが、チーフ不在の「じらされた」期間を思い、ついバチンとトイの背中をたたいた。

「休んだぶん、前より厳しいぞ」

トイはうれしそうにうなずいた。

翌日、いつもの修業場には必死に石に向かうトイの姿があった。小杉は、以前にもまして大声でトイを怒鳴った。そして持てる技のすべてをたたき込んだ。

空積みへの挑戦

二〇〇一（平成一三）年。小杉がカンボジアに来て七年がたった。妻との約束だった六五歳の誕生日は目前に迫っていた。「倒れても、骨は拾いに行かない」と言う妻に、もう少し、あと五年間、時間をくれ、と懇願しつづけていた。

この七年の間にも熱帯の植物は繁茂し、遺跡の自然崩壊は進み、また盗掘の被害も相次いだ。修復はまさに時間との戦いだった。一方で、若者たちは確実に成長していた。森のなかでの基本訓練から、遺跡現場を回っての実地研修の段階へと進み、みな目の色が変わってきた。

「彼らは、石工としてこの参道に出てきたことによって、自分たちを一人前の石工として認めてくれた、と信じているんだと思います。最初とは全然違います。もう、月とスッポンですよ」(小杉)

一〇月、小杉はいつにもまして真剣な表情で、若者を引き連れ、西参道に向かった。この日は特別に重要な訓練を控えていた。接着剤を一切使わずに石と石を積む高度な技、「空積み」への挑戦だった。

石を合わせれば必ず隙間ができるが、石のわずかな凹凸を、石と砂を擦り合わせながら削り取り、寸分の隙間もなくピタリと組み合わせるのが、この空積みである。日本にも空積みの技法はあるが、使う石の性質が素直で加工も楽である。一方、カンボジアの石は加工が難しく、極めて高度な技術が必要とされる。古代クメールの石工の奥義ともいえる技だった。

空積みは石づくりのアンコール遺跡の要である。クメールの技を駆使して遺跡を修復し、いつの日にか築造時の姿を取り戻すためには、欠かすことのできない技術だった。

トイがこの空積みを習得すれば、間違いなくみんなを率いていける。親方になることができる。

小杉は、トイに賭けていた。空積みの石の加工を命じた。トイは石をにらみつけると、ノミを振るいはじめた。

隙間は縮まった

「トイや、何でここつけるの。つけたらノミが自由にならないだろう」

ノミを持つトイの左手に小杉の平手が飛んだ。トイはうなずくと、また黙々と石に向かった。表面の凹凸を丁寧にそぎ落としていった。

一時間後、二つの石が仕上がった。トイは二つの石をゆっくりと一つに組んだ。石はぴたりと合わさった。小杉は、みんなが見守るなか、薄い一枚の紙を石と石の間に当てた。すっと通り抜けた。石の表面に微妙な凹凸が残っており、それが隙間を生じさせたのである。

「八〇〇年、九〇〇年前のクメールの人が泣いちゃうよ、そんなんじゃ、トイさん。少しでもこの、君たちの先祖に近い時代に戻すんだ。君たちがそう思わなかったら誰がやる」

小杉のしゃがれ声が参道に響いた。

トイは何も言わず、もう一度挑んだ。紙一枚分ほどの微妙な凹凸。二つの石の間での一ミリの隙間も、石を重ねていけば全体で数センチの大きさになり、遺跡の修復では命取りになる。雨水が浸透し、地盤の土を流し、数十年、数百年後に、遺跡を崩壊させるのである。

一心不乱に石に向かうトイ。そのトイのもとに仲間が駆け寄り助けた。全員で石を組んだ。

「一人ひとりが責任を持って加工をし、石を運ぶにも責任を持つ……そうしたらみんなの気持ちが一つになって、結果に現れるわけですよ……。まだ未熟だが、こいつらならやっていける」いま小杉はカンボジアの若者を頼もしく思うまでになった。

再び小杉が紙を当てた。みな食い入るように見つめた。

紙は通り抜けなかった。隙間は確かに縮まった。小杉は黙ってうなずいた。

この日の夜、小杉は若者たちを誘い、酒を飲んだ。

「乾杯!」

笑顔がはじけた。小杉は、心のなかでみなの成長を祝った。若者たちの心が一つになっている。それが何よりうれしかった。

「この仕事は、一人ひとりが責任を持って加工をし、石を運ぶにも責任を持つ。取り付ける人も加工した人の気持ちになって、石を大事に取り扱う。そうしたらみんなの気持ちが一つになって、結果に現れるわけですよ。そういうふうにカンボジアの人を育ててやりたい。ばらばらではダメなんですよ。

和の大事ということを、私はいつも言っています。幹はいらないんです。一本で、細くてもいい。根を大きくしなければ、和じゃないんです。大きな木だって、根っこがなけりゃパタンと倒れちゃう——トイはじめ、何人かがきちっと覚えて、また新しい若い人を育てていく、これが私は根だと思うんです」

小杉は思った。「まだ未熟だが、こいつらならやっていける」と。

そして二か月後の二〇〇一（平成一三）年一二月、世界中の遺跡関係者が注目する、アンコールワット西参道の修復工事が、カンボジアの若者たちを中心にして本格的に始まった。

受け継がれる夢、情熱そして技術

石工の小杉孝行は、六五歳になったいまもカンボジアに通いつづけている。若者たちはみなたくましくなった。七年前のように腕相撲を試すと、みな小杉を打ち負かす力をつけていた。

「もうダメだ。いやあ、強くなった、いや、うれしい」

代わるがわる挑みかかる若者たちに、続けざまに倒され、小杉はうれしい悲鳴を上げた。

西参道の修復工事は順調に進んでいる。

「あと五年の間に、アンコールの西参道は絶対に完成させますよ。私がさせるんじゃない。カンボジア人自身の手でね。私は見るだけさ」

小杉は、五年後となる七〇歳までカンボジアに通おうと心に決めている。

リーダーの石澤良昭。初めてこの地に立ってから、四〇年以上が過ぎた。たった一人で始めたアンコールワット修復の運動は、大きなうねりとなり、いまでは国際的な注目を集めるまでに育った。石澤はいまも上智大学アンコール遺跡国際調査団のリーダーとして、クメール文明の全容を解明する新たな手がかりを探しつづけている。二〇〇一（平成一三）年の夏には、思いもかけない大発見をした。アンコール遺跡の一つ、パンテアイ・クデイの参道の下から、国宝級の石仏一〇三体を見つけ出した。

五〇〇キロを超える石柱の引き揚げに苦労したが、石工たちがそこに駆けつけた。誰も気がつかなかった小さなひびを見つけ出し、無事に吊り上げることに成功した。若者たちの頼もしい成長ぶりに、石澤は目を細めた。そして、亡き友プオンに報告した。

「プオン、君の夢と情熱は確かに受け継がれています」

アンコールワット周辺には崩壊寸前の遺跡が数多くある。それを、小杉や石澤が教えた若者たちが、いま見事な手際で応急に手当てしている。頂上に立ち、みなに指示を出すリーダーがいた。ハウ・トイ。若き親方である。瞳を輝かせてトイは語る。

「先祖が残してくれた財産を、私たちの手で守りたい。世界中の人々にほめてもらえるような修復をしてみせます」

アンコールワットでひたむきに働く若者たちがいる。その槌音が、今日もカンボジアの密林に響いている。

医師たちは走った

～医療革命　集団検診

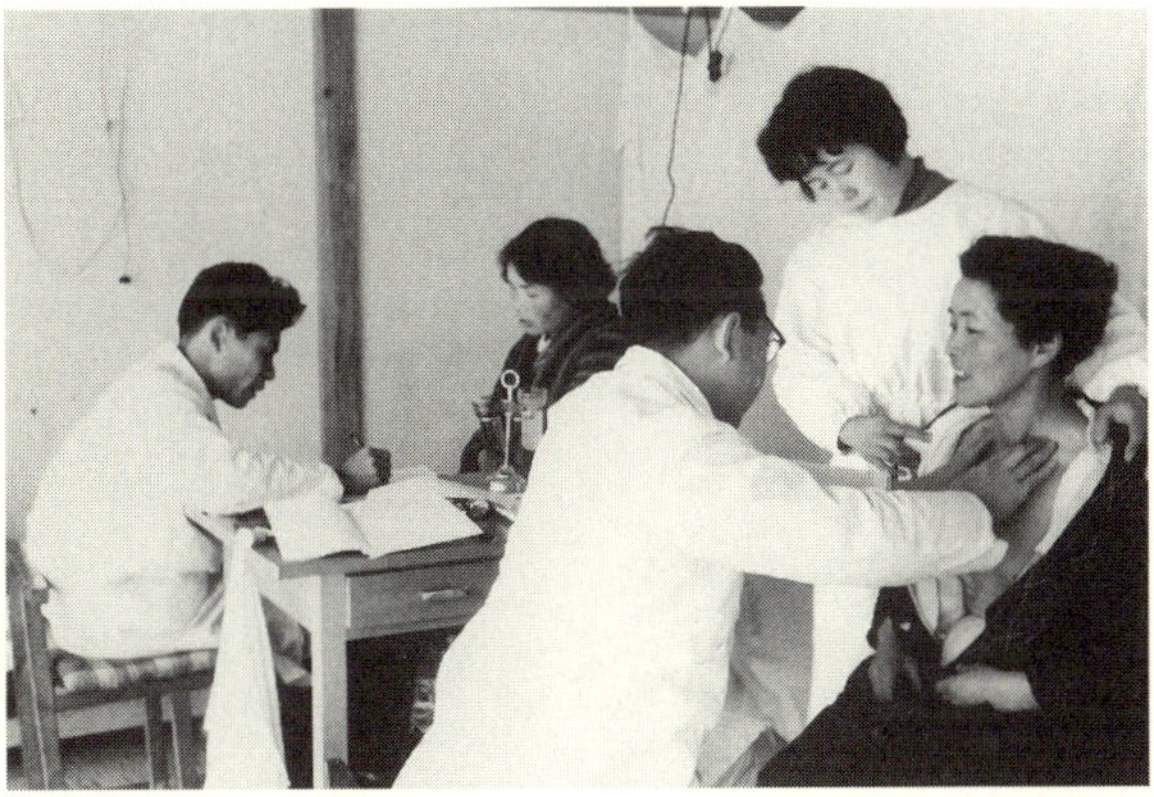

一　病気は恥、我慢が美徳

「医療革命」前夜

ここは信州八ヶ岳の村。今年もまた、人々が心待ちにしていた日が来た。お年寄りが、若い人が、そして壮年期の働き盛りの人たちが、朝早くから公民館に集まってくる。知り合いの顔を見つけると世間話が始まるが、この日の話題はいつもと少し違う。

「採血は痛てぇものだって、ちくっと」

「去年は少し太りすぎと言われたども、やっぱりご飯がうまくて。今年も体重が心配だぁ」

「今年（精密検査に）引っかからなかったら、前の手術から一〇年連続の記録になるだよ」

集団検診である。ガン、心臓病、脳卒中の早期発見を可能にした医療革命、集団検診。四二年前、この山間の村、信州・佐久の八千穂村で始まった。

当時、村人は貧しく、病気は恥と我慢した。しかし、それは八千穂村だけのことではなかった。健康保険が、サラリーマンだけでなく農民や自営業者、無職者にも利用できるようになったのは、昭和三六（一九六一）年、「国民皆保険」が達成されたあとのこと。それまでは、村人だけでなく都市部でも、健康保険を使えなかったあらゆる人々にとって、医者にかかるのは大変なお金がいる、贅沢なことだったのだ。

ただ農村では、都市部に比べ現金収入が少ないぶん、事態はより深刻だった。村人はめったなことでは、お金のかかる医者にかからなかった。医者よりも呪《まじな》いや加持祈禱、評判の民間療法にすがった。そのためようやく病院に駆け込んだときにはもう手遅れで、しばしば取り返しのつかないことになった。

いまでは「医療先進国」を自認している日本。しかし、つい四〇年ほど前まで、医療の恩恵を受けることができない人々が珍しくはない国だった。このままではいけない。立ち上がったのは、東京を追われた一人の医師。前代未聞の集団検診に挑んだ。

「病気でないやつも呼んで診察するだと？　おらたちから、このうえまだ金をとろうってのか」

反発する村人たち。

医師や看護婦たちは、手づくり芝居で訴えた。村人と酒を飲み、「俺」「おまえ」の仲になって議論した。保健婦や村人から選ばれた衛生指導員は、村中を走り回って説得した。

高血圧を減らす味噌汁づくり。最後には村の味、村の暮らし方そのものとの闘いになった。そして、一刻を争う事態が襲った。

これは、「医療革命」集団検診に挑んだ、医師と村人の命を懸けたドラマである。

都落ちしてきた「マルクスボーイ」

昭和二〇（一九四五）年三月、信州に向かう男がいた。農村の駅に降り立った。そこは、長野県南佐久郡三反田《さんたんだ》。小淵沢から八ケ岳連峰の東側を北上する小海線の、現在の臼田駅である。

男の名は若月俊一、三五歳。外科医だった。東京帝国大学医学部附属病院分院の外科医局から、

若月俊一、当時35歳。東京帝国大学医学部附属病院分院の外科医局から、できたばかりの佐久病院に派遣されてきた。「農村で働く人たちのために働こう」と決意し、のちに集団検診を全国に広め、医療革命を起こす。

その前年に周辺二〇の村が出資し、できたばかりの佐久病院（昭和三〇年に「佐久総合病院」に改称。本文は通して「佐久病院」とする）に派遣されてきた。医師は派遣先で数年間経験を積み、病院は医師を確保する。大学の医局から、「系列」の地方病院に、若手や中堅の医師が派遣されることはごく普通のことである。しかし若月の場合は少し違った。

何年間という年限のない、片道切符の派遣だったのだ。

若月は「アカ」だった。若月自身が形容するところでは、「マルクスボーイ」。

ソビエト連邦が崩壊し、政治思想としてのマルクス主義が死滅の危機に瀕している現在、共に死語と化しつつあるこの「アカ」、それとほとんど同じニュアンスの「主義者」、少しニュアンスが違う「マルクスボーイ」という言葉には、もう注釈が必要な時代かもしれない。

「アカ」は「赤」を表し、「マルクス主義者」「共産主義者」を意味した「主義者」と同様、「赤色共産革命」により資本家を打倒し、労働者による権力を打ち立てようという考えを持った人たちのことをいう。赤という色は、ロシア革命で革命派が自派の旗印として「赤旗」を選んだことから、世界中の革命派の旗印になった。ちなみに反革命派を象徴する色は「白」。「赤」とか「主義者」とかいう呼び方は、主に若月のような考え方を危険視し、敵対する警察などの言い方だった。

東京・芝にあった洋品店の子として生まれた若月が、その「アカ」になったのは、つまり共産主義などの左翼思想に傾倒するようになったのは、一七、八歳のころ。関東大震災で被災して若月家が零落し、若月自身が持たざる者の苦しみを味わうと同時に、世の中にはもっと貧しく、もっと苦しんでいる人々がいると知り、それを放置する社会の不正義に強く憤ったためだった。

昭和六（一九三一）年に東京帝国大学医学部に入学したのも、けがをしたり病気になっても満足な手当てを受けられない、労働者を診る医者になろうと思ってのことである。

こう見てくると、若月自身の「マルクスボーイ」という言い方のニュアンスも伝わってこよう。若月は、ロマノフ王朝を倒しソビエト連邦という国を築くなど、当時最先端だったマルクス主義という考え方の力を借りて、少しでもこの矛盾に満ちた社会をよくできないかと思っただけだったのだ。少し観念的だが頭のいい、多感な少年には、よくありがちなことだった。

しかし「戦前」という時代は、そんなありがちなことも許さず、天皇制の否定につながるすべての思想が厳しくタブーとされた時代だった。若月もすぐにそのことを思い知らされる。

東京帝国大学に入学したその年、社会主義運動に参加して治安維持法違反となり、一回目の逮捕。そのため退学させられるところだったが、「二度と政治活動はしません」とウソの詫び状を書いて許された。昭和一二（一九三七）年の春には無事卒業し、東大病院分院の外科医局に入局するところにまでこぎ着けた。

しかしそれから七年後、太平洋戦争も敗色が濃くなっていた昭和一九（一九四四）年初め、若月は再び治安維持法違反で逮捕される。私服警官がやって来て、言った。

「おまえは、労働運動の手先だ。逮捕する」

罪名はまたしても治安維持法違反だった。増産体制にある軍需工場で機械に挟まれ、手足を失う者が続出するなど、悲惨な事故が増えていたことに、今度は医師として着目。実態を調べ、本にまとめて、世の中に改善を訴えたことが罪とされた。

それ以前に、医師となってすぐの昭和一二年夏、若月は召集され、満州（現在の中国東北部）送りになった。しかも軍医ではなく、一介の看護兵としてだった。二年間辛酸をなめた。治安維持法違反の逮捕歴のなせるわざだったが、若月はマルクスボーイをやめなかった。その後の戦況を考えると「運よく」というべきだろう、肺結核を発病して除隊となった。病院に復帰すると、さっそく工場労働者を救うための研究を始めていたのである。

この二度目の逮捕は長引いた。一年もの間、東京目白署に拘置された。

「患者さんを救いたいと言っちゃうとね、言葉が大きいけども、（逮捕されて）それができなくなるというのは、寂しかったな」

獄中で、若月は再び「二度とアカがかった活動はしません」とマルクス主義からの「転向」の意思を表明。その結果、起訴猶予となって、ようやく昭和二〇（一九四五）年初めに釈放された。

治安維持法違反で二度の逮捕歴を持つアカ、若月俊一。懲戒免職され、医師として雇ってくれる病院もない身となっても不思議ではなかった。が、東京帝国大学病院分院の恩師は、結婚して子どももいる若月に、最大限の温情をかけてくれた。

それが、佐久病院への派遣だったのである。帰るあてもない、都落ち。

「今度は農民のために働こう」

気持ちの切り替えはできていた若月だったが、挫折感は抑えようがなかった。信州・佐久に吹く風がやけに冷たく感じられた。

医者を拒む農民たち

たどり着いた佐久病院は、製糸工場の寮を改造した、おんぼろ病院だった。畳をはめた木製ベッドが二〇床。医師は院長ほか一名で、いずれも内科医。外科医として見ると、満足な医療器具も、消毒液もなかった。

勤めはじめてまもなく、農家の主婦が運ばれてきた。「虫っぱら」で苦しんでいるという。すぐ診てみると、それは盲腸で、化膿して腹膜炎を併発していた。手遅れだった。もう随分前から痛くて苦しくて、寝てもいられなかったはずだ。どうして盲腸だと思わなかったのか。

若月は、院長に言った。

「なぜここまで放っておいたんですか」

年老いた院長は答えた。

「農家には金がない。医者に来るのは死亡診断書をもらうときだけだ」

若月は耳を疑った。

当時、佐久付近では、医者を往診に呼ぶことを「医者をあげる」といった。「あげる」は「揚げる」。芸者を宴席に呼ぶことを、「芸者を揚げる」という。「医者を揚げる」とは、医者を呼ぶことが、芸者遊びに匹敵するほどの贅沢だったことを示す言い方ではなかったか。

何しろ、医者に往診に来てもらうと、当時の貧しい農家の年収の半分ほどがとんだといわれる。佐久周辺の村々の農家では、だから病気だと気がついても往診を頼んだり、病院に行こうとは考えなかった。医者はよほどひどいときにかかるもの、死にそうな状態になったら最後に一度ぐらいはかかってもいいもの、という意識が普通だったのである。

ちなみに、日本人の誰もが、さほど財布の心配をしないで比較的気軽に医者にかかるようになったのは、昭和三六（一九六一）年に「国民皆保険」が達成されてからあとのことである。若月が佐久病院に赴任したのは、その一六年前。まだはるか前のことだった。

老院長は、医者と縁がない農民の間では、「虫っぱら」が、手術をすればすぐ治る盲腸だと知らない者が多いのだとも言った。

農民の医療環境は、工場労働者よりさらに厳しい。これは病院でいすに座って待っているだけではダメだ。戦争が結局負け戦で終わり、連合国軍による日本占領が開始されたばかりの冬、若月は村に出た。

標高一〇〇〇メートルの山間に二〇もの村があった。農家を一軒一軒訪ねた。病人を見つけると治療し、手術の必要な場合はともかく病院に来いと説得した。「巡回診療」である。

人々の暮らしは想像以上に過酷だった。傾斜地での農作業、深夜におよぶ蚕の世話。家の奥に病人がいた。脳卒中に栄養失調。ひっそりと寝かされていた。

診察しようと奥に向かいかけた若月に、家族は言った。

「病気は恥だ。のぞくんじゃねえ」

農家にとって、病気は他人には隠すべき恥だった。

一九五〇年代末ごろに急速な機械化が始まるまで、農村の暮らしは、子どもから年寄りまでの家族一人ひとりが、限界近くまで働くことで、ようやく成り立っていた。そこでは、丈夫な体でいて、農作業も家事も地域の「役」もきちんとこなすのが当たり前だった。やらないのは「なまくら（怠け者）」だからで、やれない「病気持ち」は半人前以下とする気風が強かった。

だから病気を自覚しても、まずは自然に治ることを期待して、我慢した。まだ熱が完全に引かないのに田んぼに出る。腹の痛みが取れないのに役で用水整備に出る。病気に対しても、「我慢強い」ことが美徳になった。

それに村人には、お金のかかる医者より頼りになるものがあった。まず「置き薬」（家庭用常備薬セット）があった。置き薬売りが次に回ってきたときに、使った分だけ支払えばよかったから面倒もなく、かかる費用も医者よりははるかに安くすんだ。置き薬で治らないとき、初めて町の薬局まで走って高い売薬を試した。それでも回復せず、はた目にも一大事と見えるようになると、呪いや加持祈禱、あるいは評判の民間療法にすがった。

「えい、えい、えい！」

つてを頼って遠くから呼んだ祈禱師が、寝ている病人のそばで、もうもうと煙を上げる護摩を炊き、大声で呪文を唱える。それなりの費用はかかったが、米とか物でも受け取ってくれるぶん、医者にかかるよりはましだった。医者は、拒まれた。

看護婦さんは〝モダンガール〟

一年後、老院長が去り、若月は院長になった。一年目から、若月は巡回診療とともに、数多くの手術をこなした。手術は胃ガンや胃潰瘍、盲腸といった消化器領域から、耳鼻科、整形外科など多様な領域に及んだ。若月先生のおかげで助かった、あの人はアカらしいが名医だと、評判になった。院長になった若月は、昭和二二（一九四七）年一〇月、「病院患者給食」を開始した。栄養状態が悪いと、手術後、傷口が閉じるのも遅かった。そこで農村に立地し、都会に比べれば食料が手に入りやすいという利点を活かし、戦後の国内で初めて病院給食を実現したのだった。

医師や看護婦の数も増やした。佐久病院は、ほんの少しずつではあったが、徐々に病院としての体裁を整えていった。

ある日、病院がざわめいた。真っ赤なスカートに、ハイヒールの女が現れた。日向《ひなた》幸子、二三歳。東京帰りの看護婦だった。日向は若くして波乱万丈の人生で、熱情の人でもあった。

戦時下、服飾学校に通うため東京に出た日向は、恋人が学徒動員となり、「少しでも近くにいるためには従軍看護婦になるしかない」と、志望を変更。東大病院附属の看護学校に入学する。しかし、恋人は戦死。従軍看護婦になる意欲も失い、看護学校卒業後も看護婦として東大病院に勤務しつづけたが、戦後になって、年老いた母の面倒をみようと故郷の小諸に帰ってきた。佐久病院は、故郷で収入を得るため、たまたま募集に応じた勤務先だった。田舎病院だと、あなどっていた。

「もうそれこそほんとにガラクタの病院でしたね。辞めたい、辞めたいという気持ちですよね」

いきなり日向の〝モダンガール〟ぶりを見せられた佐久病院の人々も驚いただろうが、初めて見る佐久病院の東大病院とのあまりの落差に、日向もかなり驚いた。

「(佐久病院の玄関に立つと)いすにかけていた患者さんたちは、いっせいに視線を私に向けた。一瞬たじろいだ私は、わら草履が山のように履き捨てられている床を見ながら、一張羅の靴下を気

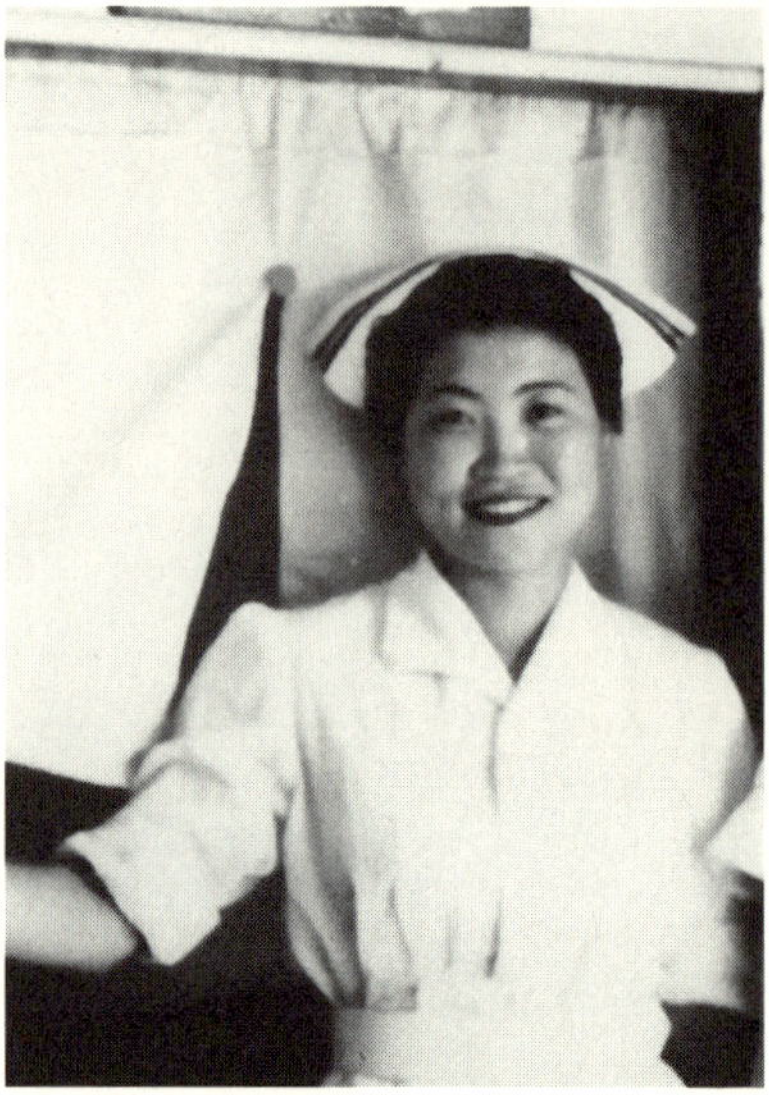

佐久病院に東京帰りの看護婦・日向幸子が現れた。真っ赤なスカートに、ハイヒール。いきなり"モダンガール"ぶりを見せられた病院の人たちは、その姿に驚いた。

づかって、そのわら草履にはきかえるのをためらった」(日向の書いた『大病院に拡がった最初の灯は』より)

わら草履が「スリッパ」だったのである。

廊下や階段は黒く汚れきっているうえに、きしんでギュウギュウと高い音を立てた。病棟の病室の出入り口は、何と障子だった。手術室には薪ストーブが置いてあり、冬には薪を焚いて温度管理をするのも看護婦の仕事だった。術後、血膿で汚れた手術室の床を洗い落とすのは、近くの川から汲んできた水だった。回診のとき、看護婦は、片手で器具や薬を入れた大箱を持って歩いていた。

「東大病院とはいわないまでも、もう少し何とかならないものか」と、思った。

しかしすぐに日向は、佐久病院にも、東大病院に負けない良いところがあることに気づいた。

いつも労働歌を口ずさみ、生き生きと立ち働く一六、一七歳の若い職員たち。手術直前の麻酔をかけるとき、患者の恐怖心を和らげようと、古い蓄音機を持ち込んで音楽を聞かせる若月。給食の残り物をかき集めてつくった雑炊を食べながら、農村医学とは何か、農民のために何ができるかを夜が白むまで話し合う医師、看護婦、職員たち。一体感があった。まだはっきりとはわからないが、みんなで何か新しく大事なことを始めようとしているという気がした。

「こう手《で》」を治す

しばらくして日向がようやく「ガラクタ」病院に慣れたころ、若月が言った。

「休みの日には、村を回るよ」

巡回診療に行く。看護婦としてついてこいということだった。日向は思った。

「せっかくの休みに、なぜ、そんなことをしなければならないのか」

休みの日ぐらい、畑と山しかない佐久を離れて、映画館でもカフェでも、ともかく都会の香りのする場所に行きたかった。月末の休みには、思い切って東京に出るという予定もあった。が、「ともかく来い」という若月に引きずられるようにして、巡回診療に同行してみた。村の数は二〇。山道を車で八時間も走り回った。

同じ信州とはいえ、小諸の町場育ちだった日向は、村人の住まいを初めてつぶさに見て、あ然とした。一つ屋根の下に家畜と暮らし、衛生状態は最悪だった。病人が寝ている奥の座敷は北側で、家中で暖房といえば囲炉裏しかないために、冷えきっていた。大便所は外。それも母屋からかなり離れた畑のそばにあった。灯はもちろんきちんとした壁すらなく、冬場は冷え込みそうだった。風呂は「据え湯」といって、人間のあかや脂分を栄養分としてたすことができるよう、小便所に半ばを乗せるように据えてあった。

日向は驚いて、どこもこうなのかと聞こうと若月を振り返った。ノートに、家のつくりや生活道具を熱心にスケッチしていた。若月は言った。

「村の暮らしを知らなければ、いい医療はできないんだ」

ある日、巡回診療に出ていた二人は、奇妙な症状に出会った。みな、手を大きく腫らしていた。

激痛を伴う「こう手」。全国の村に蔓延していた。

原因を突き止めようとした。しかし、呪いが阻んだ。手首に黒い糸を巻いた村人が言った。

「これで、こう手が治るんだ」

村人にとって、こう手は痛いが病気ではなかった。自分が弱いから、自分に怠け心があるから下されたバチみたいなもの。だから呪いで治るという理屈だった。

若月は言った。

「医療を信じてください」

メスで切り開くと、腱が切れていた。

春と秋に病気が集中していた。原因を突き止めた。こう手は、田植えや稲刈りで手を酷使するため起きる腱鞘炎がひどくなった、農村病だった。若月は次々と手術で治した。日向は、熱い気持ちで一杯になった。

医学が農民たちを救っている。その医学は、農村の暮らしを知って初めてより役立てられる農村医学だ。佐久病院の医学だ。この日から、日向は、農民医療のために村々を駆け回り、歌って演じて村人を医療の場に引きずり込む、佐久病院の名物婦長への道を歩みはじめる。

やがて来る医療革命。その車輪が、ゆっくりと回転しはじめた。

二　病気だけ診るな、暮らしを見よ

〝きたりっぽのアカ病院〟

昭和二五（一九五〇）年一〇月、佐久病院に衝撃が走った。

日本占領を指揮していたＧＨＱ（連合国軍総司令部）が、驚くべき指令を発したのだ。

「共産主義者及びその同調者にして、企業の安全と平和に実害のある悪質な、いわゆる積極的なもめごと製造者を職場から追放せよ」

「レッドパージ（アカ狩り）」の指令だった。

レッドパージは、第二次大戦後に深まりつつあった米ソ冷戦構造のなか、日本を反共の前線基地にするために実行されたものだった。共産党員はもちろん、そのシンパや労働組合の活動家、幹部、組合運動に協力的な人も「アカ」だとして、公的機関や学校や民間企業から、問答無用で追放した。

のちの調査によると、その数は少なくとも一万三〇〇〇人に及ぶといわれる。

佐久病院は、このレッドパージに直撃される可能性があった。当時の佐久病院は、ベッド数一〇〇、従業員は医師・看護婦・職員を合わせて六〇数名の病院に成長していたが、何しろ、院長が元「マルクスボーイ」の若月である。従業員組合はユニオンショップ制（就職時強制加盟）で、組合活動にはみんな非常に熱心だった。働きはじめたばかりの日向看護婦が驚いていたように、若い職員たちが「いつも労働歌を口ずさんで」いたのである。そのため、保守色の強い地元有力者の間で佐久病院は、〝きたりっぽ（他所者）のアカ病院〟と呼ばれていた。これは無事ではすまない。誰もが思った。

ちょうど、佐久病院の母体が、創立時の長野県農業会（戦時下の農協統合組織）から、農業団体の組織再編に伴って厚生農業協同組合連合会（厚生連）に変わるのを機に、県立病院にしようという話が持ち上がっているときだった。若月らは、県立化に強く反対していた。いかにも、ＧＨＱの指令を理由に、佐久病院のうるさいアカたちを一掃したいと考える人たちがいそうだった。

そこで佐久病院従業員組合は、「医師たちのレッドパージ反対」の署名運動をすることにした。つね日ごろは病院で、巡回診療で親しくつきあっているものの、はっきりとした保守的な地域で、こういう政治的な運動がどれだけ理解されるのか。不安ななかでのスタートだった。

ところが、その署名が、七日間で四万五〇〇〇人分も集まった。

佐久病院は、その〝きたりっぽのアカ〟的な部分も含めて、地元から熱烈に支持されていたのである。驚いたのは、地元有力者のほとんども、この署名運動に協力してくれたことだった。病院創立から六年、若月の院長就任から五年。佐久病院は、若月たち自身が思っていた以上に、地域に根づいてきていたのである。

ヴ・ナロード

根づいたのにはそれだけの理由があった。たとえば、佐久病院には、〝きたりっぽのアカ病院〟の他にもう一つ異名があった。〝酒病院〟である。これはどちらかというと、内部職員や入院患者、巡回診療先の農家などからいわれた異名だが、酒ばかり飲んでいる病院という意味だった。

若月たちは本当によく酒を飲んだ。手術が終われば酒を飲み、討論しようといっては飲み、巡回先で遅くなったといっては飲んだ。また、職員たちと飲み、元患者が訪ねてきたといっては飲み、患者の家族と飲んだ。日向看護婦はウワバミの〝三升飲み〟だった。若月には、入院患者と、初期には畳敷きだった病室に車座に座って、消毒用のアルコールを飲んだという逸話すら残されている。

よく飲んだのは、酒が好きということもあろうが、若月が医師として採用した手法という側面があることも否めない。のちに若月が語っている。

「医者は偉いものだと思われているから、先生、先生と言っているうちはなかなか本当のことが出てこない。酒でも飲んで、俺、おまえで話すようになって初めて出てくるんです。すると、医者や病院がしなければならないことが聞けるし、直さなくちゃいけないこともわかる」

ヴ・ナロード、人民のなかへ。農民社会主義を唱えたロシアの急進的な革命派「ナロードニキ」の標語だが、若月にとって、酒がヴ・ナロードのための推進剤だったのだ。

また、「病気は恥」と医者を拒み、病院を頼らなかった村人を引きつけ、啓蒙するため、若月は演劇を多用した。佐久病院劇団部の設立は昭和二〇（一九四五）年一一月。宮沢賢治の言葉、「農村では演説をするな、演劇をせよ」をヒントにしてのことという。若月は言う。

「医者が一〇〇の理屈を言うより、芝居仕立てにしたほうが、人は耳を傾けてくれる。結果として、栄養学や病気の予防にも関心を持ってくれるんです」

初期の演目には、「コン吉くん」を主人公にしたミュージカル風短編シリーズ『はらいた』『保険証』、五幕ものの長編『白衣の人々』などがあった。脚本はいずれも若月である。

こうした演劇は、入院中の患者さんのためのクリスマスパーティーや巡回診療のときのほか、昭和二二（一九四七）年から毎年行われている「病院祭り」などでも上演された。

昭和三五（一九六〇）年に保健婦として佐久病院に就職したばかりの、横山孝子。病院の職員が、衛生教育のための演劇を上演して歩いたり、クリスマスになると病院内でロシア民謡を歌い、コザックダンスを踊り、新劇風の演劇を上演するのを見て、目を丸くした。

三八年後、佐久病院を退職するときに、横山は書いている。

《コザックのステップは実に見事で、プロかと思いきや、なんと身近な職員が踊っているのです。舞台の両袖には、日向総婦長さんをはじめ二〇人くらいのコーラス隊が、のびのびと楽しそうに歌っています。そしてこの後は若月先生の劇です。（中略）病院の周りに何も文化がないので、自分たちで文化を作って楽しむのだと聞かされました。（中略）貧しく厳しい農村にあって、保健と文化をともに切り開く、その誇り高い活動に心から感動しました》（『農民とともに』一九九九年五月七四号「一生懸命の厳しくも楽しい日々」より）

なお「病院祭り」は、五月に行われる地域の養蚕の祭り「小満祭」の日に、病院を一般に開放して催された。ともかく病院に寄ってもらい、親しんでもらおうという企画で、医師や看護婦の研究発表や展示なども行われた。

村人の間に、医者にかかること、健康に気をつけること（予防）を当たり前のことにするために、若月らはなりふり構わぬ活動を行ってきていた。地元の有力者たちに、若月たちは「もめごとを起こす怖いアカ」だと言われても、そのまま信じる人はあまりいないはずだったのである。

レッドパージ問題で人々から思わぬ篤い〝信任〟を得た形になった若月は、自分のやり方に自信を持った。そしてさらに徹底してやっていこうと決意した。

昭和二八（一九五三）年一〇月、若月は、岩波書店から『健康な村』という本を出した。佐久病院での実践をまとめたこの本は、若い医師や医学生の間で「地域医療」「農村医療」のバイブルとして読まれるようになる。やがてその若い世代が加わり、若月とぶつかり合うなかから、「暮らしのなかの医療」をさらに進めた考え方や手法が生まれる。田口や小海、小諸といった場所に分院も増えていった。

佐久病院は、外形的にも内容的にも、発展期、充実期に入ろうとしていた。

若い医師たち

日本初の本格的な巡回診療、農村医学の確立。その評判を聞き、全国の若い医師たちが次々に佐久病院に就職してくるようになった。

信州大学医学部出身の寺島重信もその一人。昭和二九（一九五四）年にインターンとして佐久病院に赴任し、胃腸科に配属になった。

「とんでもないところに来た」というのが、最初に思ったことだった。毎日の診察と酒盛り、休日の巡回診療で、個人的な時間などまったくとれなかった。農村医療、地域医療の理想と現実は、寺島の予想とは、やはり少しばかりずれていたのである。しかし、若月に、「巡回診療ほど有意義な仕事はない。協力しない医者なんていないないだろう」と言われると、断りきれなかった。

「引き返そうか」と何度も思ったという寺島だが、結局佐久病院に残った。患者を手遅れで亡くし、農村の生活の厳しさを実感したためだ。のちに劇団部の部長に就任。脚本に演出に活躍するようになる。

名古屋大学医学部出身の堀尾仁。『健康な農村』を読んで若月に憧れ、昭和三三（一九五八）年にインターンとして佐久病院に赴任し、内科の配属になった。巡回診療はもちろん、消毒液まで凍る寒さのなかの往診ということまで経験した。事情があって二年ほどで出身の愛知県に戻るが、いまでも、「医療は国民のために、受ける人のためにあるんだ」という若月の言葉が、自分の医師としての原点と語る。

名古屋大学医学部出身の古瀬和寛。昭和三三年にインターンとして佐久病院に赴任し、外科に配属。片道二〇キロの往診なども経験し、やりがいは感じたが、一週間ほとんど休みなしに働くことや、技術的に単純な医療を繰り返していることに、「これが本当に佐久病院のめざす医療なのか」と疑問を持った。もっと先端的な医療技術を求める必要もあるのではと、四年後、脳神経外科を専攻するため大学に戻る。ただ、自分の医師としてのスタートは佐久病院だという意識はいまも強くあるという。

古瀬とは逆のコースをたどったのが、昭和二九年に、若月の出身の東大病院分院外科から派遣されてきた、松島松翠《しょうすい》である。二六歳の松島は「二年間の約束」で来たはずなのに、なぜかそのまま佐久病院に居つき、さらに本来は外科医だったのが、健康管理や農薬中毒の研究などを行う内科的領域に移ってしまったのだ。

じつはこの松島の変化が、若月や佐久病院の考え方の深化を象徴していた。松島はなぜ変わったのか、どう変わったのか。のちに松島自身が書いている。

《やがて約束の二年が来た。私は何となく佐久の地が気に入っていた。大学で難しい研究をするよりも、ここで働いているのが何となく性に合っているような気がした。何といっても二年では短すぎる。もう二、三年やってみようと決心し、大学に帰るのは少し延ばすことにした。しかし、それ

がいつの間にか、ズルズルと四〇年になってしまった》
《予防の重要性が次第に認識されるようになり、健康管理の仕事が本格的に行われるようになった。（中略）私は外科をやりながら健康管理の仕事に参加した。やがて健康管理部ができることになって、次第に健康管理の仕事に専念するようになった。外科を離れることについては特に抵抗感はなかった。最初は、手術が上手な外科医を志してきたのだが、二年のうちにそんな気持ちは次第に薄らいできていた。医療は外科ばかりではないと思った。地域へ出かけて劇を演ずるのも医療のうちであった。佐久へきて、医療の幅広さが初めてわかったような気がした》（『農民とともに』一九九九年四月七二号「農村医療四五年」より）
「予防」という言葉がキーである。若月が提示した「暮らしのなかの医療」という考え方と「巡回診療」という手法は、やがて松島たち若い世代を推進部隊として、「予防医療」「予防医療としての健康管理」に進化していく。「集団検診」という医療革命まで、もうあと一歩だった。

残った人、去った人

松島松翠はのちに、若月のあとを受けて佐久病院の院長に就任することになる。それは松島が若月とともに、予防医療を地域・農村医療の要として確立したからというだけではなく、佐久病院創立のころのあり方を、最も自然体で楽しんだ人だからということができるように思う。

東京から赴任したその日、歓迎会で酒盛りとなり、翌日は二日酔いで起きられず、点滴を受けて

若月の出身の東京大学医学部附属病院分院から、松島松翠（26歳）が派遣されてきた。本来、外科医の松島だが、健康管理や農薬中毒の研究など、内科的領域に移ってしまった。松島は、のちに若月のあとを継ぎ、佐久病院の院長、名誉院長となる。

夕方にようやく回復したというエピソードの持ち主だった。音楽を愛し、書を嗜み、碁と将棋ともに三段という多芸多才な人で、顔がどことなく当時の皇太子殿下（今上天皇）に似ていたところから、職員たちには「殿下」と呼ばれて親しまれた。

佐久病院名物の演劇や合唱では、そのピアノとアコーディオンの腕前と作曲の才能が、欠かせないものになった。佐久病院の病院歌も、若月作詞、松島作曲である。松島のメモとともに、その歌『農民とともに』を紹介しておこう。

♪朝霧晴れて　病院の
白樺窓に　揺れるとき
手をとりあって　歌おうよ
農民とともに　進むうた
山のかなたに　こだまして
国いっぱいに　響くまで

《正式な病院の歌ができるまでの代用品のつもりで若月院長（当時）といっしょにつくったが、いつの間にか病院歌になってしまった。六〇年安保闘争のときデモをやりながらつくったが、それにしては甘い曲だと言われた。当時の労働歌と一線を画した記念碑的な歌といえようか》

そして巡回診療を楽しんだ。

《（佐久に来てしばらくして）やがて出張診療に参加するようになる。乗用車のような高級な車はなかったから、大抵は小型トラックに乗って出かけた。ときには馬車も利用した》

《馬坂・広川原という、群馬県との県境にある無医地区に行ったこともある。その当時は車の通れる道は途中までしかなく、後は荷物を担いで三〇分ぐらい坂道を歩かなくてはならなかったので、一晩泊まりの出張診療だった。公民館に泊まっての自炊だったが、これがとても楽しみだった。劇をやって、歌を唄って、夜は村の人も含めてみんなで酒を飲んで語り合う。（中略）一度台風が来て道が壊れ帰れなくなったことがあったが、もう一晩泊まれるというのでみな手をたたいて喜んだ》（前出「農村医療四五年」より）

巡回診療に赴く松島が、いつもアコーディオンを担いでいたことはいうまでもない。

同じ文章のなかで松島は、《職員の誰もが出張診療に行きたがった》と書いているが、それは少し違う。佐久病院に来た若い医師、インターン、看護婦たちのなかで、松島のように巡回診療を心から楽しめ、行きたがる者だけが、佐久病院に残ったのだろう。あるいは、佐久という農村地域の圧倒的な貧しさと村人の生活の厳しさに直面し、松島のように「理屈よりも実践が先だ」と思ってしまった者だけが——。

医者は「何」を診るのか

ある日見学にやって来た二一歳の医大生・市川英彦もそう思ってしまった者の一人だった。岐阜の農家の次男坊として生まれ、都会に比べて立ち遅れている農村の医療を何とかしたいと、医師を志した市川。昭和三二（一九五七）年、三三年と佐久病院を訪問し、出張診療や農村病研究を手伝った。昭和三三年には、名古屋市立医科大学の仲間十数人とともに、回虫・十二指腸虫感染の調査も行った。

調査した地域は、松島に教えられた馬坂・広川原集落である。何時間も車に揺られてようやく到着した人口三〇〇人ほどの集落に、市川たちは延べ六〇〇日ほど滞在し、検便調査や衛生指導、衛生啓蒙映画の上映活動などを行った。

そんなある日、市川は集落で、腹痛の老人を見かけた。聞いてみると、集落には腹痛持ちが結構多いという。調査結果からいっても、回虫症だろうと、市川は持参してきていた回虫駆除薬の試供品を希望者に配った。

佐久に帰って、市川はそのことをみんなに話した。いいことをしたと思っていたからである。それを知った若月が怒鳴った。

「村人の暮らしを知らないで、安易に薬なんか渡すな」

前年は不在中だったので、若月とは初対面だった。会えたと思ったら、いきなり雷である。

「若月先生の怒り方はすごい。目がつり上がるんですよ。にらみつけるようにして、それはいけないことだ、農民を愚弄することだと。言うなれば、暮らしのなかで訴えを聞かなきゃいけないというような内容のことを教えてくださいまして」

若月が怒った理由は二点あった。一つは、市川の行ったことは治療行為であり、学生がしてはいけないことだということ。そしてもう一つは、佐久病院で実践してきた医師としての理念に関わることだった。

理念とは、一口でいえば「暮らしのなかの医療」ということだ。市川のしたことは「ただ病気だけを診ている」ことで、その人、その暮らしを見ていないと思ったから、若月は激怒したのである。

市川もまた、大学の医学部では「人を見るな、病気を診よ」と教えられてきた。

市川英彦、当時21歳の医大生。農村医療を何とかしたいと、名古屋市立医科大学の仲間十数人とともに佐久病院を訪問し、出張医療や農村病研究を手伝った。

これは、貧しい人とお金持ちの人、知り合いの人・紹介のあった人と見ず知らずの人といったことなどにとらわれることなく、どのような人でもただ「患者」として、病気を治すことだけに集中せよ、それが医師としてのあるべき姿であるという、きわめて人間主義的で平等主義的な意味を持つ教えである。しかし若月は、「それではダメだ、暮らしを見なければ、病気は治せないし、減らせない」と断言した。薬で一時的に回虫が駆除されても、衛生意識が変わり、生活環境が変わらないと回虫症という病気を本当に絶つことにはならないのだ、と。

怒られながら、市川は必死で考えた、「医者は何を診るべきなのか」を。

市川は若月に言った。

「大学を出たら、ここに戻ってきます」

昭和三五（一九六〇）年、市川はその言葉どおり佐久病院に戻ってきて、内科のインターンとなった。理屈で考えて結論を出したというより、初対面の学生に、あれだけ熱くなって語れる人についていけば、自分にも何か意味のあることができると信じたからだった。

市川はインターン修了後も佐久病院に残り、「暮らしのなかの医療」という考え方の最も忠実な継承者となり、推進者の一人となった。

「病気だけ診るな、暮らしを見よ」

これはいまでも、市川自身の座右の銘である。

市川は、馬坂・広川原の集落にその後何十年も通いつづけた。そして暮らしを見つづけた。養蚕と炭焼きを生業とし、人口三〇〇人ほどだったこの集落（現在は三〇人）から、その間、五人の看護婦、検査技師一人、医師一人、合計七人もの医療関係者が生まれている。そのことにこそ市川の見方と診方の真摯さが現れているように思えてならない。

「窓口徴収」病院代が払えねぇ

佐久病院が開院して一〇年以上がたった。村人たちは、春になって固い氷が少しずつ、しかし着実に溶けていくように、病気に対する態度を変えはじめた。

村に医療が根づこうとしていた。その矢先、衝撃的な事態が起こった。昭和三四（一九五九）年、国民健康保険制度が改正され、当時五割だった自己負担分を、医者にかかるたびに支払うことになったのだ。当時はまだ「国民皆保険」ではなく、保険料を支払う余裕のある人だけの制度だったが、それまでの「後払い」方式だと、医者にかかるだけかかって払わないという人も多く、問題になっていたための改正だった。

病院の会計窓口で払うということになるため、この改正は「窓口徴収」化と呼ばれた。それまで村人は、医療費を米や蚕の収入がある盆暮れに、まとめて役場に払っていた。窓口徴収化は、普段手持ちの現金に余裕がない村人にとってはとんでもない改悪だった。

そして、信じられないことが起きた。手術を終えたばかりの患者が、勝手に退院しようとしていた。若月は止めた。患者は言った。

「金がねぇんだ」

何人もの患者が出ていった。

慢性病の入院患者のなかには、無理に退院したものの、症状を悪化させて再入院を余儀なくされる人も多かった。

また、いきなり若月の前に現れて病人の症状を話し、「いくらかかる」と尋ねて答えを聞くと、黙って帰る人も相次いだ。

若月や松島は県や厚生省に陳情し、支払い方式を元に戻すよう訴えた。しかし、昭和三六（一九六一）年の国民皆保険実施をめざし、財政基盤の整備やサラリーマンの健康保険制度との調整を進めてきていた行政側は、首を縦に振ろうとはしなかった。

若月は悩んだ。この佐久で、一〇年以上かけて医療を身近なものにしてきたのに、これでは元の木阿弥になってしまう。

「一体、どうすればいいんだ」

三　病院と村の総力戦

激減する来院者、何か打つ手は！

国民健康保健制度の改正から、二か月が過ぎた。病院に来る患者は激減していた。ある日、若月を訪ねてきた男がいた。二〇の村の一つ、八千穂村の村長・井出幸吉だった。

「先生、今度の改正は、金のない農民いじめだ」

人口六〇〇〇人の八千穂村。山あいに家々が点在する、とりわけ貧しい村だった。八千穂村だけは国の改正に逆らい、医療費の盆暮れ払いを認めていた。村長の井出が、村会議員を引き連れて県庁に押しかけ、納得のいく返事がもらえるまで「村の山林を売ってでも盆暮れ払いでやりつづける」と、たんかを切ったのである。

しかし、県庁からは問題村長だと、にらまれた。男気のある村長だった。にらまれても困りはしなかったが、どうやら負け戦になりそうだった。全国を見渡しても、窓口徴収を中止にできた市町村はなかった。

井出には、どうしても譲れないわけがあった。井出は裕福な農家だったが、息子を難病で亡くしていた。胸がつぶれた。あんな思いは、村の誰にもしてほしくなかった。そのためにも、誰でも病院でちゃんと診てもらえる、そういう世の中でなくてはいけない、そう思っていた。井出は若月に言った。

「何か打つ手はありませんか」

コチコチの保守派で、頑固者。思想的には相いれないが、若月は、酔うと民謡を歌い、白髪頭に手ぬぐいを巻いて、かつてのヒット曲『酋長の娘』に合わせて踊ってくれる井出が好きだった。曲がったところのないまっすぐな人だと、密かに尊敬していた。その井出が困り果てて相談に来てくれた。何か役に立ちたかった。

しかし「窓口徴収」問題では、若月のほうも八方ふさがり。来院者数が減っていくのを、つまりまた病院が遠くなり、病気が暮らしのなかに隠れていくのを、ただ呆然と見ているだけだった。急にうまい知恵も出てこなかった。

結局、「今度近くまで行ったら寄せてもらいます」「おう、いつでもいいだから」と別れた。

それからまもなくだった。若月は、巡回診療を続けていた。ある集落で、一軒の農家の主人が牛の世話をしていた。丁寧にブラシをかけられている牛は見事な体つきで、いかにも健康そうだった。

八千穂村の村長・井出幸吉が若月を訪ねて言った。「先生、今度の改正は、金のない農民いじめだ」「何か打つ手はありませんか」若月にも急にはうまい知恵も出てこなかったが……。

「人間なら〝甲種合格（戦前の徴兵検査の最上位結果）〟だね」

声をかけた。

主人と牛の健康管理の話になった。貴重な現金収入をかせぐ肉牛は特別扱いだった。年に一度、神社の境内に集められ、健康状態が検査された。主人が言った。

「牛には一頭一頭『健康手帳』というものもある。人間様も持ってねぇのに、まったく贅沢なこってしょう」

「そうだね人間に健康手帳がないというのは不合理なことだね、あったら、この牛と同じように丸々と健康でいる人が増えるだろうにね」

話しているうちに、若月の脳裏には、「人間用の健康手帳」をつくった場合の利用イメージが浮かんできた。やっぱり年に一度、神社かどこかに村中の人を集めて検査するんだろうな。検査で何か病気が見つかったら、すぐに治療する。病気になりそうな人がいたら予防法を指導する。「これだ」と思った。

「村人を集め、一斉に検診をする。病気が早く見つかり、早く治せる。病気の予防もできる。早く治せたり、予防できるから、平均すると医療費もあまりかからないですむ」

この「集団検診」という手は、若月たちが近年強く意識してきている「予防医療」とか「健康管理」を広めるための、強力な味方にもなりそうだった。

窓口徴収化で、井出が困っていたことも、佐久病院が困っていたことも、一挙に解決できる。すぐに八千穂村に提案した。

前代未聞のプロジェクトへ

提案を聞き、村長の井出は膝をたたいて納得した。納得のしかたを、井出は次のように書き残している。

《(窓口徴収反対が通りそうになかった)そのとき、佐久病院の院長先生から、いっそのこと全村の健康管理をやったらどうだろうという話がありました。「なるほど、それはよい。私どもは、今までは病気になった人を何とかしようとして窓口現金徴収の反対運動をしてきたが、それよりも、病人をつくらないように佐久病院の援助をうけて、村をあげて、この健康を守る運動をやろうじゃないか」ということになり、村民に呼びかけて、この健康管理を始めたのであります》（『八千穂村健康管理五年の歩み』より）

病院と村が手を組み、農協、保健所、医師会が両者に協力するという、前代未聞の全村集団検診プロジェクトができた。

対象は一五歳以上。八千穂村には三〇〇〇人いた。検診費用は最小限に抑えなくてはならない。本人が払う費用は三〇円と決めた。「ばあちゃんが孫にやれる小遣い」程度ということで決められた額である。その三〇円に、役場が七〇円を加え、一人一〇〇円が総検診費用となった。

病院では、職員あげての検診の準備が始まった。若月は、検診担当の責任部署として、新しく「健康管理部」を設置した。また佐久病院従業員組合のなかに、検診の実行部隊となる「出張診療班」をつくってもらった。つまり、この検診は、単に佐久病院の「仕事」であっただけでなく、「組合活動」の一環として位置づけられたわけである。

健康管理部の部長には、佐久病院勤務は二年限りのはずがもう六年目になっていた外科医・松島松翠が就任した。松島は、酒もアコーディオンも少しの間、脇に置くことになる。

まず、牛にならい、村人三〇〇〇人分の健康手帳をつくった。家族構成や既往歴、住環境、それに何か病気にかかるたびにその日付や症状などを、村人が自分で記入する手帳である。わかりやすい言葉になるよう気を配った。

次に検診項目に知恵を絞った。病院に支払われる検診費用は、一人あたり一〇〇円ぽっきり。医師、看護婦、保健婦、病理検査技師などの大半が、組合活動としてただで労働力を提供してくれるとはいえ、検査器具などそれなりに費用はかかる。新しく買ったらとても一人あたり一〇〇円には収めきれない。病院の手持ちの器具でできるものを考えた。

身体計測、血圧測定、検尿、検便、診察……。しかし、肺結核などの検診に重要なレントゲンは、フィルム代が高く、到底使うことができない。松島は思った。

「代わりに、問診を徹底させよう」

農作業で働く時間、肩・足腰の痛みや張りの有無、毎日の食事の内容、入浴回数……。三〇もの問診項目を考えた。

最大の問題があった。村人は病気が見つかると、金がかかると怖れていた。ただ検診をやりますと告知しても、何かと理由を見つけて出てこない可能性があった。病院や役場の係が一軒一軒回って、ぜひ参加するように言って歩くことも考えたが、顔見知りでない者に言われても、「ハイ、ハイ」とやりすごされる可能性が高い。みなを説得できる人物が求められた。

一人の男に白羽の矢が立った。山浦寅吉、三〇歳。農業のかたわら、世話役として人望の厚い男だった。二年前の昭和三二年、村の環境衛生指導員第一号になった。

「衛生指導員の仕事は、元々は春と秋の清潔検査、便所の消毒、ノミ・シラミの駆除といったもので、八千穂村はよそより力を入れていたな。人口一〇〇〇人に一人だから六人いればいいところ、八人の衛生指導員を置いたんだもの」

山浦たちは張り切った。佐久病院に集まって、若月や松島、病院の保健婦から話を聞いた。元気そうに見えても病気が隠れていることがあること、検診で早く見つかれば手遅れがなくなること、医療費も安くなること、予防が大事な理由……。そして自転車で村人たちの家を回り説得した。

「村人たちの反発はすごかった。病院の医者の実験台になるだぁというような、早合点する人も多かったな」

集団検診成功のカギは、金がかかると医療を拒む村人たちを説得し、参加させることだった。村人の説得役にと白羽の矢が立ったのが、山浦寅吉だった。山浦は、2年前に村の環境衛生指導員第1号になっていた。

「一通り回ったが、これで検診に来てもらえるのか」

山浦も、ほかの七人の衛生指導員も、不安のなかで初めての集団検診の日を待った。不安なのは、若月たちや井出村長も同じだった。

体重計に正座するおばあさん

昭和三四(一九五九)年一二月、農閑期を利用しての初めての集団検診の日が来た。早朝の雪道で、検診チームを乗せた車が雪だまりに突っ込んだ。医師、看護婦、保健婦、病理検査員、事務職員、一〇名の検診チームが全員で押した。

検診会場は集落の公民館。外と変わらぬほど寒かった。検診に来てもらったのに、寒さで脳卒中でも起こしたら何にもならない。すぐに囲炉裏に火を入れた。診察用のベッドは座り机を二段に重ねて、その上に布団を敷いてつくった。すると、受付や問診用の机がたりなくなった。近所の農家からちゃぶ台や勉強机まで借りてきて、何とか間に合わせた。

「村人たちは来てくれるだろうか」

女性の着替え場所の幕も張られ、準備も整った。

午前八時。来た。村人たちが、来た。出足は思ったよりはるかによかった。

「今後のあなたの健康を記録します」

日本初の健康手帳が渡された。

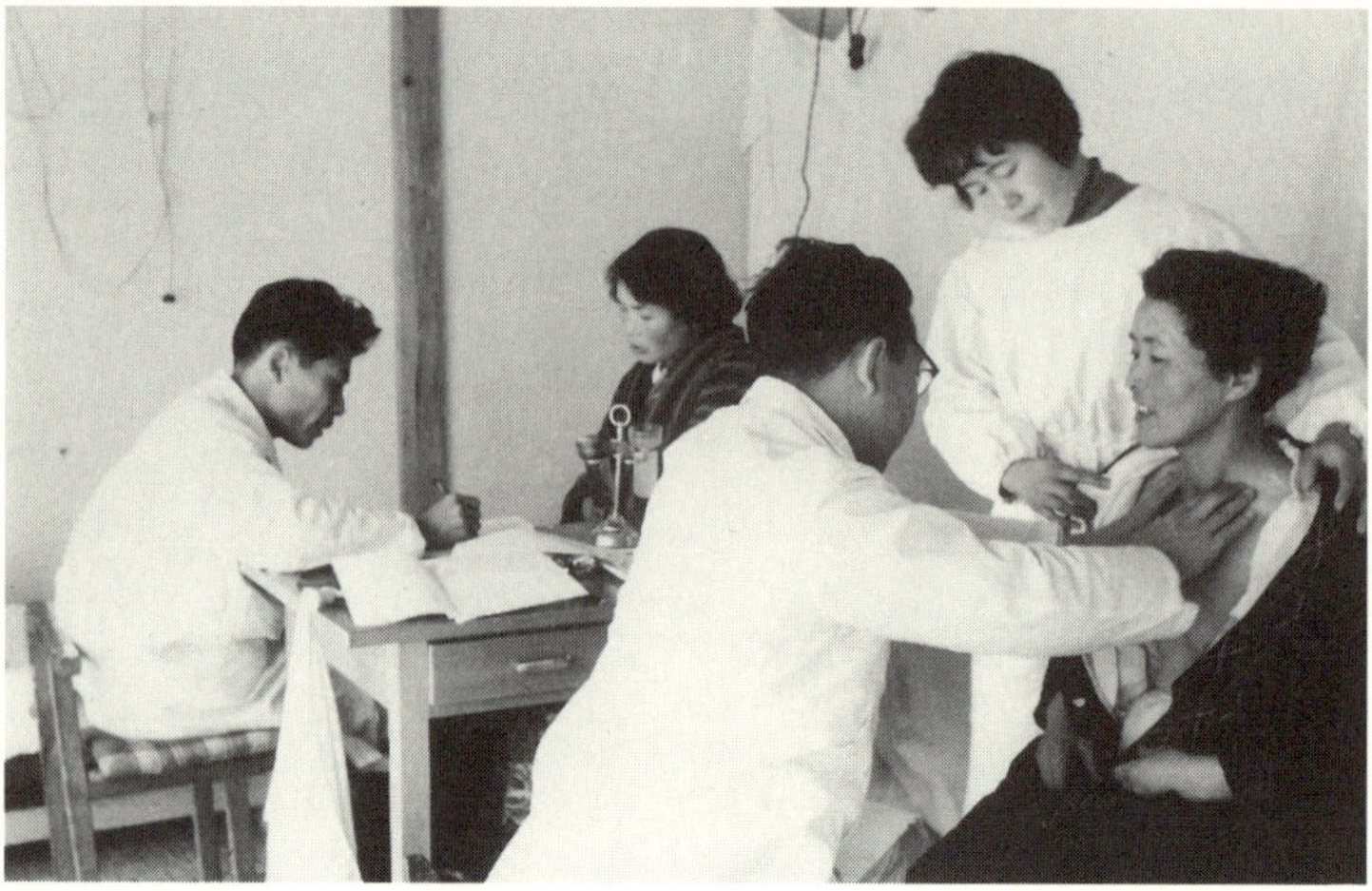

昭和34（1959）年12月、農閑期を利用しての初めての集団検診が行われた。慣れない村人たちの間でいろいろなハプニングが起きた。そして、血圧測定では、驚くべき結果が出た。ある集落の8割の人たちが高血圧だった。

みな囲炉裏の周りに座って、書き込みはじめる。集落中の人が一堂に会する機会などめったにない。その内、知り合い同士で書き方を相談したり、書くほうはそっちのけで世間話に興じたり、和気あいあい、いい雰囲気になってきた。

初めての検診。身体計測で、思いがけないことが起きた。おばあさんが、体重計に正座した。体重を量るのは初めてだった。

肺活量。何度も息を吐き、めまいを起こす人もいた。

血圧測定。冬なので、誰もが着込めるだけ着込んでいた。ちょっと袖をまくり上げるぐらいでは測れるようにならない。「上着だけ脱いでください」と頼んだら、今度はおじいさんが、下着から何から全部脱いでしまった。

人々の多くが着たきりの下着だった。見られるのが嫌で、脱ごうとしない人も多かった。

血圧測定では驚くべき結果が出た。下が一〇〇以上、上が一五〇以上は高血圧という目安で分けると、その集落の八割が高血圧だった。

♪頑迷固陋《がんめいころう》にゃ、わしゃかなわん！

最後に問診が始まった。

「一日何時間働くのか」

「主食は白米か麦飯か」

「肉は何日おきに食べるか」

「風呂は入っているか」

家の間取りまで聞いた。平均標高一〇〇〇メートル。寒さ厳しい土地である。便所や風呂が外にあれば、急な温度差で脳卒中の危険が増す。

家のことに立ち入られて、村人たちは嫌がった。大体、初対面の若い者に、何で根ほり葉ほり聞かれなくてはいけないのか。肉など盆暮れに食べるかどうかだ。何日おきかと聞かれても答えにくい。会場の空気がこわばった。

そのとき、看護婦の日向が言った。

「検診のあとは、お芝居ですよ」

集落の婦人会の協力で、全員に暖かい豆腐汁が振る舞われた。お葉漬け（信州名物の漬け物）で

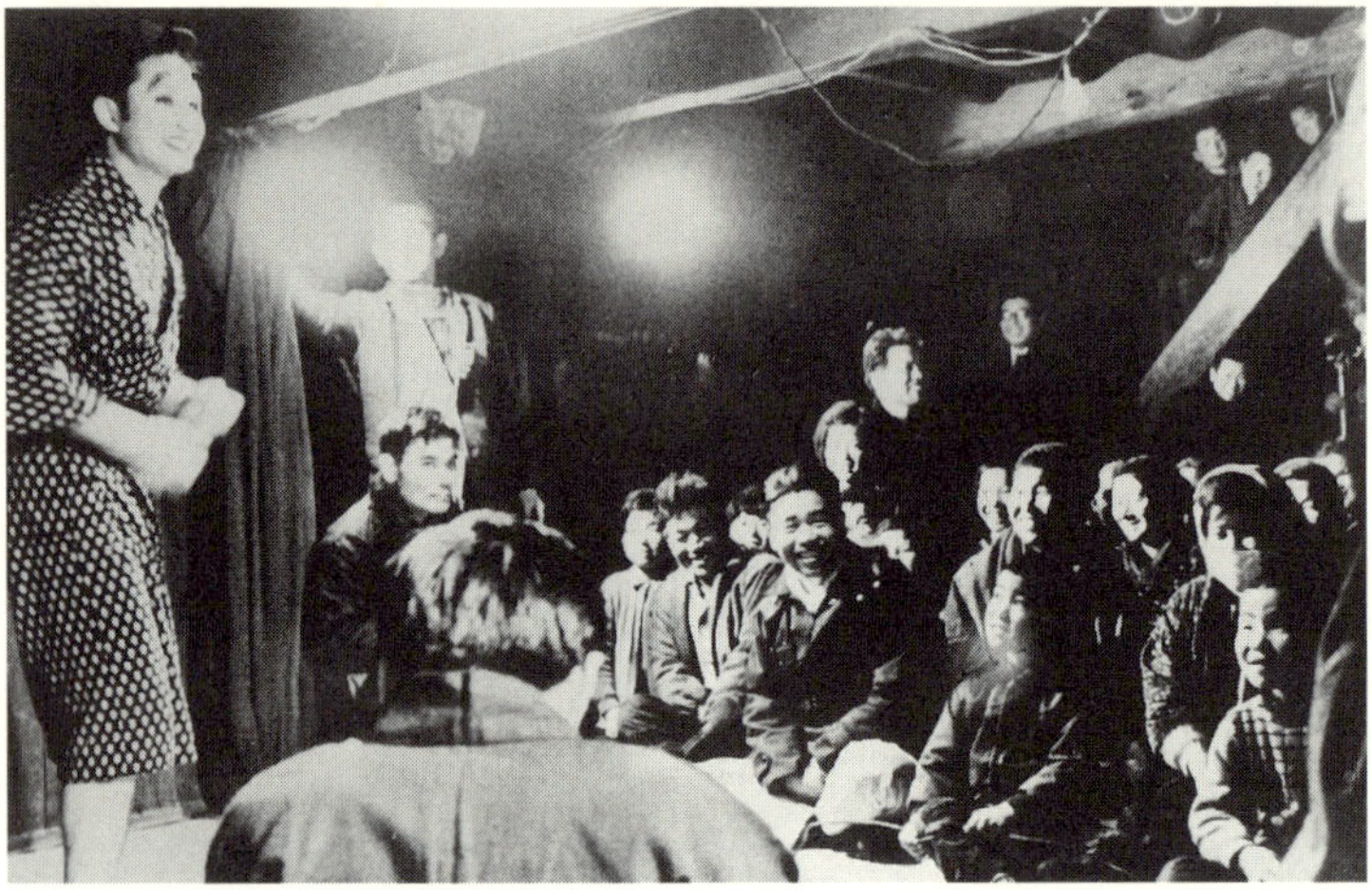

検診が終わると、会場は片付けられ、お芝居『はらいた』が幕を開けた。医師、看護婦、事務職員総出の熱演が村人たちに受けに受けた。医療の大切さが、村人たちに浸透しはじめた。

お茶を飲んでいるうちに、検診会場が片付けられ、芝居『はらいた』が幕を開けた。
歌は日向。演奏は松島。役者はさっきまで診察や問診をしていた医師、看護婦、事務方などの病院の職員。さぁ、幕開きのコーラスだ！

♪みなさん、こんちは、ごきげんよう
私は農家のおばあさん
若いときから山仕事
田植えに蚕に畑仕事
腰が痛うて、わしゃかなわん

みなさん、こんちは、ごきげんよう
私は農家のコン吉くん
父さん母さんおばあさん
根づよい農家の封建性
頑迷固陋（古老）にゃ、わしゃかなわん

「おなかいたい。あイタ、イタ、イタタタ……」

歌が終わると、コン吉くんのお父さんが舞台に転がり込んでくる。

『はらいた』は、医者嫌いの男が突然の腹痛に見舞われたが、なかなか病院に行こうとしない、コン吉くんはじめみなに説得されてしぶしぶ病院に行くと、薬でケロリと治ってしまったというお話だ。回虫症という病気があること、それは薬で簡単に治ること、ただし、腹痛は盲腸など放っておくと手遅れになる病気のこともあるから、見過ごしてはいけないことなどの、知識と教訓が詰め込まれている。しかし、全体はお父さんの情けなさを誇張したコメディだ。

芝居は受けに受けた。村人は腹の底から笑った。うしろで見ていた若月。医療の大事さを伝えられたと思った。

四　「予防医療」定着

一年目の危機

一年目、集落ごとに、二月末までかけて行った検診の受診率は、八千穂村全体で八五パーセントに達した。受診率は集落によってかなり高い低いがばらついた。担当区域の受診率が特に低かった衛生指導員が一人、「責任をとって辞職する」と頑張り、山浦寅吉や役場の係の人になだめられてようやく収まるなどの騒ぎもあったが、ひとまず大成功である。

健診結果は、個人個人の健康台帳に転記され、さらに世帯ごと、集落ごとにまとめられて、佐久病院健康管理部の棚に収まった。

また、「どんな病気が多く見つかったか」「どの集落でどんな病気が多かったか」「集落別受診率」などのデータが、『健康手帳健診結果』という小冊子にまとめられ、村民向けの報告会で配られた。

この小冊子には、「長野県ではどんな病気で死ぬ人が多いか」「胃病の注意」「寄生虫の防ぎ方」「検診と村の入院患者」（症例報告）と題し、主に絵とキャプション（説明文）で構成されたコラム記事も載っていた。小冊子を見れば、自然に予防や衛生知識が身につくようにという配慮である。

村人の間では、「集落別受診率」を見て、勝った負けたと何かと話題になった。「受診率で競争になれば、結果として来年度の受診率はもっと高くなるだろうが、それだと、検診の趣旨と少し違うんじゃないのか」山浦たち衛生指導員は、あくまでまじめだった。そして次年度はどんな説得の仕方をするのがいいのか、勉強会を開いた。

若月たちはというと、まず、全村で三〇パーセント近くと、数多く見つかった高血圧の人たちの治療を進めなければならないと思った。次にその予防。また、おそらくは、冷えや慢性的な栄養不足からきている腰痛、足腰のしびれ、肩こりなど、若月が以前から「農夫症」と名づけていた症状に対して、何らかの対策をとらなければ、とも考えた。

さらに、やはり多かった回虫、十二指腸虫などの保有率。取り組んでいかなければならないことは山のようにあった。

しかし、思いがけないことになった。検診後、佐久病院と八千穂村内の診療所に通院したり入院する患者が一気に増加し、村の一九六〇年度の医療費負担がとんでもなく増えそうな状況になったのだ。

「話が違う」

有力議員が声を上げた。

「わざわざ病気を見つけただけだ。検診をやめろ」

「医療費が減るというから始めたんだ。三〇〇〇人の検診をするに当たっては、検診代、手帳代、車の費用、暖房とか何とか、合わせりゃ村の金を七〇万円近くかけた勘定になる。そのうえ医療費負担が増えるんじゃあ、目も当てられねぇ」

集団検診は、一年目で、危機を迎えた。

おみのばあさんの涙

「医療費は長年の間にだんだん減ってくるもので、最初の年は増えてもしょうがねぇ。見ていろ、あと何年かたったら必ず減ってくるはずだから。それよりはいま病院に通ってる人にとって病気が早く見つかってよかったと思わなくちゃあ」

村長以下役場の懸命の説得で、集団検診はそのあとも何とか生き延びた。

「儲けている病院の手先じゃねぇか」

そうからかわれながら、山浦たち衛生指導員も改めて担当地区を走り回った。

「ばか言うんじゃねぇ、一人一〇〇円じゃあ病院は大変な赤字なんだよ。それでも検診をしてくれるってのはな……」

勉強会の成果か、今年の山浦の言葉には昨年以上の説得力があった。

昭和三五（一九六〇）年の一一月下旬、二回目の集団検診が始まった。一二月、一月と、各集落の出足は予想以上で、一年目を上回る受診率を達成しそうだった。

一年目のように、体重計に正座する人はもういなかったが、二年目で、慣れたら慣れたなりの、ちょっと困ったことも出てきた。その一つを、事務局の白石千枝子が書いている。

《すきま風のよく入る八郡《やごおり》の公民館である。血圧が一ぺんに上がってしまいそうなほど寒い。炭火に手をかざしながら一人の問診を終えた私の前に、今度はおばあさんが座った。座るなり、

「今年もこんな面倒くさいこと、聞くですかい。去年と変わらねえに。同じように書いといてくんなんし」

これには私も閉口した》（『八千穂村健康管理五年の歩み』掲載「私の検診日記から」より）

そして、ある検診会場で事件が起きた。検診の間、囲炉裏のそばで役場の係の人と雑談をしていた山浦の耳に、ひょいと村人の話し声が飛び込んできた。

「うちのばあさんも具合が悪いんだ。先が短えだから連れちゃ来なんだよ」

山浦は怒鳴りつけた。

「ばあさんを死なせてぇのか」

驚く村人をあとに残し、急いでその家に走った。七八歳のおみのさん。案の定、北側の冷えた奥座敷に、一人横になっていた。山浦は、おみのさんを背負った。山道を下りながら、山浦は言った。

「ばあさん、丈夫でいなくちゃな」

山浦の背が、おみのさんの涙で濡れた。

「長生きすれば子どものためにも、孫のためにもいいからと言って。早く治療して、早く治ってくれればいいということでね、説得に走り回るのも一つの喜びだったな」

山浦は、なかなか来なかった農家の嫁たちも説得した。家でいちばん気を遣う嫁たち。〝気兼ね嫁〟という地元言葉があった。ストレスと、忙しくて時間がなく、かっ込んで手早く済ませる食事習慣とで、胃炎や胃潰瘍が多かった。

集団検診は、少しずつ定着する気配を見せはじめた。

村の味、家のつくりとの闘いへ

二年目の検診を控えた昭和三五年秋、若月たちは、改めて一年目の健診結果を記載した健康台帳を開き、病院のカルテとつき合わせてみた。急激な医療費増の主因となっている病気は、やはり、慢性病で、長期間の通院と薬代を必要とする高血圧だった。

プロジェクトは、村の医療費を圧迫する敵、高血圧と闘わなければならなかった。ほかに特に病気がないのに血圧が高くなる「本態性高血圧」は、遺伝あるいは体質によるものという以上の原因はよくわからないとされている。ただ、塩分をとりすぎると血圧が上がることだけは、当時から確認されていた。

若月は、思った。

「村の味を変えるしかない」

家々には、手づくり味噌があった。塩気の強い味噌。つらい労働と寒さに耐えるために生まれた味だった。そして、塩辛いお葉漬けがあった。冬の間のお茶うけであり、主要な副菜だった。塩辛いおかず、塩辛い味噌汁。結果として、村人の一日の塩分摂取量は二〇グラムを超えた。

日向たちが、二年目の検診会場で、薄味の味噌汁をつくった。村をあげての食事改善。前代未聞の試みだった。女性たちは、「薄い」と嫌がった。しかし、家族のためにと説得した。報告会で、塩分とりすぎの害を強調した。徐々に、塩を減らした薄味の味噌汁が、「八千穂村の味」になった。

若月たちは同時に、「冷え」の問題にも取り組みはじめた。冷えも、脳卒中の引き金になり、腰痛や手足のしびれ、肩こりなど、多くの病気の主要な原因と思われたからだった。

当時、佐久地方の農家は家のなかで温度を計ると、摂氏二度から四度ということもざらだった。その昔は囲炉裏とかまどという二つの火で家内が暖められたのだが、熱効率がよく、燃料代が安くすむ「文化かまど（煙突のついたかまど）」が普及し、かえって家のなかを寒くしてしまったようだった。

このすさまじい冷えをなくすため、若月たちはまず村人に、母屋の外側に、特に病人がいることが多い北側の座敷と外を隔てる障子に、ビニールのシートをかぶせることを勧めた。それだけで、家のなかの温度が四度は違ってくるはずだった。しかし、みっともないと、あまり普及しなかった。

次に、当時最も燃料代が安く、熱効率がよかった暖房・炊飯兼用石炭ストーブの設置を勧めた。

囲炉裏の脇の板の間に据えるのである。かまどまで立っていかなくとも煮炊きができるのが重宝されて、ストーブはそこそこ普及した。ストーブを入れた家庭からは、手足の腰痛やしびれが改善されたという報告がもたらされた。

さらに、できれば内便所化、内風呂化を進めたかったが、農家の負担力でいうとストーブですらギリギリのところだった。内便所、内風呂が実現するのは、経済の高度成長がさらに進み、家の建て替えが進む昭和四〇年代半ば以降のことになる。

その代わりに若月たちは、腰痛や肩こりの対症療法として「農民体操」を考案した。朝や昼に近所で集まって行うことを勧めた。何十年ぶりかの体操のため、思うようにならない不器用な体の動きを子どもたちに笑われながら、村人は必死に挑んだ。若月たちから、若返りの効果もある、と聞いたからだ。

集団検診と、その危機をきっかけに取り組まれた、生活と生活環境の改善。佐久病院への赴任直後に発想した「暮らしのなかの医療」の、一つの到達点だと若月は思った。

「医者」の誕生

若月たちが高血圧との闘いに取り組みはじめたころ、二年目の検診会場で、落ち込む新米医師がいた。学生時代、いきなり若月に怒鳴りつけられた市川英彦。約束どおりこの昭和三五年春に佐久病院に就職し、内科のインターンになった。集団検診では問診を担当したが、市川の前に村人は誰も並ばなかった。

市川は、当時を振り返って言う。

「村の人が言ってるのが聞こえるんです。おい、あちらはインターンだぞ。あそこへ行きゃ大変だから、こっちに並んだほうがいいぞ……。それはもう切ないですよね」

「村人の懐に入れない」

若月先生の言葉に従って「人」やその「暮らし」を見ようと思っても、これでは通り一遍のところしか見られない。

市川はこのところずっと悩んでいた。大体自分のような人間には、「人」や「暮らし」を見るなんて無理かもしれない。

きっかけは、佐久病院に戻ってすぐのころだった。ある日市川が、カリエス（ろっ骨や脊椎などを溶解・変形させる骨結核）病棟を回っているとき、患者から、「膿《うみ》を取ってくれ」と頼まれた。たまたま担当の患者ではなく、自信もなかったので、「担当の先生に聞いてください」と言って、その場を去った。すると、いっしょに回っていた看護婦が言った。

「あの人の家は農家で、家に小さな子どもが待っている。早く退院して、世話をしなくては困るの。患者さんの暮らしを考えられないなら、市川先生、あなたは医者にならないほうがいいですね」

こんなこともあった。動悸が激しいと訴える患者がいた。聴診器を当ててみたが、どうも大きな異状は確認できない。大したことはなさそうだが、ちょっといろいろ調べてみようか。そう思って立ち上がった市川に、看護婦が耳打ちした。

「あの人はお姑さんの足音を聞くだけで動悸がするのよ。ここは先生はただ黙って聞いてあげているだけでいいの」

人を見る、暮らしを見るとは、患者さんを、患者さんが住む家のたたずまいや患者さんが家族といっしょにいる風景を思い浮かべながら診る、共感しながら診るということだった。俺はそんなことにもすぐ気づかなかったほど、決定的に鈍い。俺みたいなやつは、医者にはならないほうが本当にいいのかもしれない。

新米医師の市川英彦。すっかり自信を失っていた。しかしある日、村人が突然倒れたという知らせを聞いた。小沢吉茂さん、六〇歳。自分の問診に並んでくれた一人だった。検診記録を調べた。糖尿病の兆候があった。

市川は山道を走った。家に着くと、小沢さんは、意識不明の重体だった。市川は迷った。糖尿病は、血糖値が高いか低いかで、まったく処置が違う。検査薬などなかった。取りに戻る時間はない。電話もない。先輩の医師に相談もできない。追い詰められた市川は、ある行動に出た。尿を取り、思い切って舐めた。家族はあ然とした。

「尿は甘くない。低血糖昏睡。血糖値が急に下がったために意識を失ったんだ」

ブドウ糖を打ち、血糖値を上げた。まもなく、小沢さんの意識が戻った。ひと言言った。

「甘いパンが食べたい」

持ってこられたパンを、小沢さんはおいしそうに食べた。

小沢さんの息子は言う。

「うちの親父はそれから、俺は市川先生に命を助けられたと言いつづけていた。それから二六年間、八六歳まで生きて、亡くなるまでな。ほんとにね」

市川は、パンを食べる小沢さんを眺めながら、村人が初めて自分を受け入れてくれたと感じた。

「小沢さんのご家族も、座敷に詰めかけていた近所の人たちも、何という名医だという目で私を見てくれまして。えぇ、すっかり信用していただけたと」

検診でも市川の前に村人たちが並ぶようになった。また一人、本物の医者が誕生した。

「集団検診制度」成る

検診が始まって七年後の昭和四一（一九六六）年、驚くべき成果が現れた。八千穂村の村人一人当たりの年間医療費は、南佐久郡全体や長野県や国の平均を大きく下回った。「予防は治療に勝る」が証明されたのである。

手遅れの患者を、ほぼゼロにした。医師、看護婦、村人たちが挑んだ、日本初の全村集団検診。村に医療が根づいた。

毎朝、八千穂村の有線放送で流れる「農民体操」。冷えからくる肩こり、腰痛、腰曲がりを防ぐため、集団検診から生まれた。村の朝を変えた。

「いいよ。気持ちいい」

壮年者からお年寄りまで、膝を曲げ伸ばしして、手を大きく振りながら言う。「続けていると、年をとらない気がする、胃腸病やリウマチにも効く」と評判がいい。

二〇年前の集団検診で、早期の胃がんが見つかった内津昭三さん、七三歳。手術に成功。大黒柱として、家族を支えてきた。

「早期発見で助かったんです。検診で発見されなかったら、いまごろ、わしはここにいなかったんですよ。子どもたちだってどうなったかね」

八千穂村集団検診の成功を契機にした予防意識の高まりは、昭和四八(一九七三)年、長野県全域での「集団健康スクリーニング」を開始させた。そして昭和五七(一九八二)年、四〇歳以上の全国民に健康手帳が配布されて、集団検診の制度ができた。制度策定のモデルとなったのは、もちろん八千穂村だった。

病気の早期発見と予防に重点を置いた集団検診という方法で、貧しい階層の人々の健康を、少ない予算で劇的に向上させる。それはいま「八千穂モデル」と名づけられ、フィリピンをはじめとするアジアの国々でも展開されようとしている。中心となっているのは佐久病院の医師・出浦喜丈。八千穂村生まれの医師である。

佐久病院はいま、ベッド数一〇〇〇床を超え、医師だけで二五〇人を擁する大総合病院となった。ベッド数二〇床、医師二名から始まった〝地域医療の奇跡〟。それは、敗戦後の混乱期から高度成長期前半という、ある意味で特殊な時代であったから成ったことではない。若月と、佐久病院に集い、その手でいまを変えようと思った人々が成したことなのである。
松島松翠は、その後、佐久病院で「農薬の慢性中毒」など農村医学の研究を進めるとともに、地域の健康管理、長野県の集団健康スクリーニングの実施において常に中心的な役割を果たした。巡回検診車に乗って長野県中を回るようになった昭和四八年には、また若月の作詞で『巡回検診隊の歌』をつくった。

♪今日もゆく　朝もやついて
農民のまつ　町から村へ
仕事は重く　肩にかかれど
君知るや　われらがこころを
平和へのみち　いまきりひらく
白樺そよぐ　林をこえて
進め！　われらが巡回検診隊

「行進曲調で力強い労働歌風な曲。巡回検診隊の仕事の歌」というのが自己解説だ。松島は平成六（一九九四）年に若月のあとを受けて佐久病院院長となり、平成一一（一九九九）年四月に勇退して名誉院長に就任した。集団検診とその全国への拡がりを、実質において支えた人である。

市川英彦は、その後平成四（一九九二）年まで佐久病院に勤務し、誰からも親しまれる名医となった。もっとも本人は、そう言われると少し照れくさそうだ。

「患者、医師、家族が仲間になること、患者さんを暮らしのなかで捉えることを考えてやってきました。それだけで、医師として、少しはお役に立てているのかなあ、いればいいなあ、と」

平成四年からは、佐久病院と同じ厚生連のリハビリテーションセンター鹿教湯《かけゆ》病院の院長である。

若月俊一は、今年（平成一四年）九一歳になった。昭和五一（一九七六）年に〝アジアのノーベル賞〟マグサイサイ賞を受賞したのをはじめ、数々の賞に輝いた。佐久病院も、集団検診という医療革命も、若月のしたたかさ、柔軟さがなければ、成らなかったろう。

平成六年に院長を、さらに平成一一年に名誉院長も退いたのちは、名誉総長の地位に就いた。名誉総長就任の年に健康を害したが、二度の手術に耐え、いままた著書を出版するまで回復した。

その若月が、大切にしまっておいたものがある。農家を回って書き記したノートである。訪ねた家々、出会った人々。手当たり次第にスケッチした。農村を知ろうと必死だった日々が、ここにある。

「なつかしい。浅間山を見ながらね。何といっても私は佐久が好きですね」

東京を追われ、信州に来て五七年。このあぜ道を、検診のたびに何度も何度も通った。

番組制作スタッフ
取材協力・資料提供・写真提供
（敬称略・順不同）
参考文献
執筆担当

●「魔法のラーメン　82億食の奇跡～カップめん・どん底からの逆転劇」

取材協力　東罐興業　清栄食品　関東総業　京浜急行電鉄　京急共栄会　大阪府食品流通センター　日本即席食品工業協会　インスタントラーメン発明記念館　安藤仁子　石橋貞明　法西皓一郎　西原重夫　辻田昭夫　中野隆夫　三輪温朗

資料提供　文藝春秋　色摩高幸

撮影　高橋僚

音声　鷹馬正裕　明里和幸

照明　西垣友貴　高木広司　粟野貴哉

美術　加藤隆弘

美術進行　阿部公仁彦　佐野均　千村奈緒子

技術　阿久津裕　小俣孝夫　清水茂

リサーチャー　山口佐知子

音響効果　福井純子

編集　坂本太

構成　山本隆之

本文執筆　樋口正博

資料提供　日清食品

参考文献　「ラーメン伝説」遊タイム出版　「この人からはじまる」鹿島茂著　小学館文庫　「新・即席めん入門」（社）日本即席食品工業協会監修　日本食糧新聞社　「安藤百福語録」安藤百福著　日清食品　「安藤百福　食文化を変えた男」和泉清著　日本食糧新聞社　「戦後史開封」産経新聞「戦後史開封」取材班編　扶桑社文庫　「燃ゆるとき」高杉良著　新潮文庫　「日清食品の挑戦」高橋美幸原作　大画としゆき作画　ビジネス社　「苦境からの脱出」安藤百福著　フーディアム・コミュニケーション　「安藤百福語録」ソニー・マガジンズビジネスブック編　「食品企業の発展と企業者活動」木島実著　筑波書房　「三〇年のあゆみ」（社）日本即席食品工業協会　「インスタントラーメン発明物語」インスタントラーメン発明記念館編　旭屋出版　「食足世平」日清食品社史編纂室　日清食品株式会社

●「謎のマスク　三億円犯人を追え～鑑識課指紋係・執念の大捜査」

取材協力　警視庁　警察庁　Sスタッフ　赤坂豊川稲荷　科学装備研究所　東京リースコーポレーション　武藤三男　坂口勉　今村孟男　高島禮次　橋爪茂　沖進

資料提供　朝日新聞社　共同通信社　毎日新聞社　読売新聞社

参考文献　堀ノ内雅一著「指紋捜査官」（角川書店）

撮影　長澤祐子

音声　鷹馬正裕　蛭川和貴
照明　西垣友貴　丸山幸雄
美術　加藤隆弘
美術進行　佐野均　阿部公仁彦　千村奈緒子
技術　阿久津裕　青木博　清水茂
リサーチャー　山口佐知子
音響効果　三澤恵美子
編集　首藤実三
構成　大坪悦郎
本文執筆　西田節夫
写真提供　毎日新聞社
参考文献　「指紋捜査官」堀ノ内雅一著　角川書店（二〇〇一）「証拠は語る」須藤武雄著　日本文芸社（二〇〇〇）「名人列伝　指紋捜査」毎日新聞連載「ひと・ドラマ　警視庁」（一九八九　一一月）「鑑識新時代の到来」教育システム「季刊トップ」（一九九七年春号）「犯罪鑑識の科学」小沼弘義著　裳華房（一九九五）「警察官僚」神一行著　勁文社（一九九五）「警視庁刑事」鍬本實敏著　講談社（一九九六）「検証　日本の警察」日本弁護士連合会編　日本評論社（一九九五）「ニッポンのおまわりさん」久保博司著　WAVE出版（一九九六）「三億円事件」一橋文哉著　新潮社（一九九九）「昭和日常生活史（一）〜（三）」加藤秀俊著　角川書店（一九八七）「平成一一年版　犯罪白書」法務省法務総合研究所編（一九九九）

●「通天閣　熱き七人〜商店主と塔博士の挑戦」

取材協力　新世界町会連合会　新世界市場商業協同組合　全日本タワー協議会　大阪クロード　飛島建設　鈴木雍　伊東芳子　小南陽二郎　和田好枝　塩澤元典　松山秋則　井上優　森川恭一
資料提供　大阪市　松竹　毎日新聞社　朝日放送　奥村組　竹中工務店　岩宮武二写真事務所　早稲田大学　三越劇場　高井昇　吉里忠史
撮影　葛城哲郎
音声　鷹馬正裕　川中悟
照明　西村大志　田中康教
美術　加藤隆弘　近井勉
美術進行　阿部公仁彦　千村奈緒子　津村政幸
技術　阿久津裕　斉藤孝造
リサーチャー　岡山靖　高橋知子　山崎樹
音響効果　福井純子
編集　下山田昌敬
構成　塩田一樹
制作統括　渡辺隆嗣　今井彰
本文執筆　鈴木健司
写真提供　毎日新聞社
参考文献　「通天閣三〇年のあゆみ」通天閣観光（一九八七）

●「8ミリの悪魔VS特命班〜最強の害虫・野菜が危ない」

取材協力　沖縄県ミバエ対策事業所　沖縄県農業試験場　農林水産省植物防疫課　那覇植物防疫事務所　琉球産経　エースヘリコプター　海兵隊基地外交政策部　仲里健三　添盛浩　伊藤嘉昭　照屋匡　伊良部忠男　照屋直吉澤治　上原秀夫
資料提供　シネマ沖縄　琉球新報社　那覇市歴史資料室
撮影　南波友紀子
音声　高橋正吾　西本秀二
照明　戎達生　稲垣従道
美術　加藤隆弘
美術進行　阿部公仁彦　佐野均　千村奈緒子
技術　塩谷達　清水茂　斉藤孝造
リサーチャー　寺本育美　山口佐知子
音響効果　福井純子
編集　渡辺政男
構成　相沢孝義
本文執筆　伯野卓彦
資料提供　琉球新報社
参考文献　「沖縄県ミバエ根絶記念誌」沖縄県農林水産部（一九九四）「ウリミバエ根絶実験事業」沖縄県農林水産部（一九七七）

「久米島のウリミバエ根絶実験事業報告書」沖縄県農林水産部（一九七九）
「ウリミバエ根絶防除事業概要」沖縄県農林水産部ミバエ対策事業所（一九九三）
「虫と闘った男たち」琉球新報・連載記事（一九九三）
「農薬なしで害虫とたたかう」伊藤嘉昭・垣花廣幸著　岩波ジュニア新書（一九九八）

●「アンコールワットに誓う　師弟の絆」

取材協力　三輪悟　丸井雅子　高橋正時　荒樋久雄　宮本康治　西栄寺　APSARA　日本大学　在カンボジア日本国大使館　上智大学アンコール遺跡国際調査団　竹中工務店　神奈川県住宅供給公社
資料提供　日本国政府アンコール遺跡救済チーム
撮影　原伊知郎
音声　鷹馬正裕　重石泰弘
照明　西垣友貴
美術　加藤隆弘
美術進行　阿部公仁彦
技術　塩谷達　小俣孝夫
リサーチャー　谷川茂　寺本育美
通訳　奥澤俊
音響効果　須永高生
編集　市川芳徳
構成　星野真澄
本文執筆　西村亜佐子
参考文献　「アンコール遺跡を科学する」アンコール遺跡国際調査団報告会　上智大学アジア文化研究所
「アンコールの王道を行く」田村仁・石澤良昭著　淡交社
「アンコール・ワットの解明1　アンコール遺跡の考古学」中尾芳治編　連合出版
「アンコール・ワットの解明3　アンコール遺跡の建築学」片桐正夫編　連合出版
JTBキャンブックス「アンコール・ワットへの道」石澤良昭著　JTB
地球の歩き方98「アンコール・ワットとカンボジア」ダイヤモンド社
「アンコール・ワット」石澤良昭著　講談社現代新書
「This is 読売」一九九四年一月　読売新聞社
「すばる」一九八七年二月　集英社
「朝日ジャーナル」一九八三年四月二九日　朝日新聞社
「ニュートン」一九九五年五月、一九九六年一月、一九九八年九月　ニュートンプレス
「密林に眠る東洋の神秘　アンコール・ワットの謎を探る」日本テレビ
「人間発見　時代を変革する50人」日本経済新聞社編　日本経済新聞社
「戦後50年」毎日新聞社編　毎日新聞社
「昭和・平成史年表」平凡社編　平凡社
参考資料　読売新聞　日本経済新聞　毎日新聞　朝日新聞　熊本日日新聞　河北新報

●「医師たちは走った〜医療革命　集団検診」

取材協力　井出今　横山孝子　寺島重信　出浦喜丈　小林スイ　出浦古千　鹿教湯病院　八千穂村役場
資料提供　グループ現代　ファースト教育映画社　教育映画配給社　日本映画新社
撮影　西沢伸一
音声　鷹馬正裕　木村敏行
照明　西垣友貴
美術　加藤隆弘
美術進行　阿部公仁彦　佐野均　遠藤三千恵
技術　塩谷達
リサーチャー　山口佐知子
音響効果　三澤恵美子
編集　首藤実三
構成　小山好晴
本文執筆　高橋孝輝
資料提供　佐久病院
参考文献　佐久病院ニュース「農民とともに」第二五号掲載「あっという間に過ぎた三二年」市川英彦著
第七二号掲載「農村医療四五年」松島松翠著

第七二号掲載「松島院長と農村医療」より松島松翠作曲集「心にうたごえ響かせて」
第七四号掲載「一生懸命の厳しくも楽しい日々」横山孝子著
「昭和三六年度　健康手帳検診結果」長野県南佐久郡八千穂村発行
「佐久病院史」若月俊一監修　松島松翠編集代表（一九九九）
「月刊ドクターズマガジン」二〇〇〇年八月号　メディカル・プリンシプル社
「八千穂村健康管理五年の歩み」八千穂村発行
「村ぐるみ健康管理二十五年」八千穂村発行
「母なる農村に生きて」若月俊一著　家の光協会
「信州に上医あり～若月俊一と佐久病院」南木佳士著　岩波新書
「村で病気とたたかう」若月俊一著　岩波新書

語り　田口トモロヲ
キャスター　国井雅比古　膳場貴子
タイトル題字　加藤純子
メーク&スタイリスト　稲垣直美
美術進行　阿部公仁彦　千村奈緒子　佐野均
技術責任　柿崎文雄
番組広報　倉田左百合
責任編集　渡辺政男
責任デスク　松尾雅隆　村田英治　伯野卓彦
制作統括　今井彰

プロジェクトX 挑戦者たち 12
起死回生の突破口

2002（平成14）年 5 月 30 日 第 1 刷発行

編 者 NHKプロジェクトX制作班

発行者 松尾 武
発行所 日本放送出版協会
〒150-8081 東京都渋谷区宇田川町 41-1
TEL（03）3780-3325（編集）
TEL（03）3780-3339（販売）
http://www.nhk-book.co.jp
振替 00110-1-49701
印 刷 亨有堂／大熊整美堂
製 本 石津製本

Printed in Japan
ISBN4-14-080680-X C0395

「プロジェクトX　挑戦者たち」発売中！

第1巻「執念の逆転劇」

巨大台風から日本を守れ～富士山頂・男たちは命をかけた
窓際族が世界規格を作った～VHS・執念の逆転劇
友の死を越えて～青函トンネル・24年の大工事
ガンを探し出せ～完全国産・胃カメラ開発
世界を驚かせた一台の車～名社長と闘った若手社員たち
妻へ贈ったダイニングキッチン～勝負は一坪・住宅革命の秘密

第2巻「復活への舞台裏」

執念が生んだ新幹線～老友90歳・飛行機が姿を変えた
カール・ルイスの魔法の靴～超軽量シューズ　若手社員の闘い
海底ロマン！深海6500mへの挑戦～潜水調査船・世界記録までの25年
全島1万人　史上最大の脱出作戦～三原山噴火・13時間のドラマ
美空ひばり　復活コンサート～伝説の東京ドーム・舞台裏の300人
裕弥ちゃん1歳　輝け命～日本初・親から子への肝臓移植

第3巻「翼よ、よみがえれ」

パンダが日本にやって来た～カンカン重病・知られざる11日間
厳冬　黒四ダムに挑む～断崖絶壁の輸送作戦
海のかなたの甲子園～熱血教師たち・沖縄　涙の初勝利
翼はよみがえった～YS-11　日本初の国産旅客機
国境を越えた救出劇～大やけど　コンスタンチン君・命のリレー

第4巻「男たちの飽くなき闘い」

宇宙ロマン　すばる～140億光年　世界一の望遠鏡
誕生！　人の目を持つ夢のカメラ～オートフォーカス　14年目の逆転
東京タワー　恋人たちの戦い～世界一のテレビ塔建設・333メートルの難工事
海底3000メートルの大捜索～HⅡロケットエンジンを探し出せ
悪から金を取り戻せ～豊田商事事件・中坊公平チームの闘い

第5巻「そして、風が吹いた」

幻の金堂　ゼロからの挑戦～薬師寺・鬼の名工と若武者たち
うまいコメが食べたい～コシヒカリ　ブランド米の伝説
日米逆転！　コンビニを作った素人たち
ロータリー47士の闘い～夢のエンジン誕生からルマン制覇まで
ツッパリ生徒と泣き虫先生～伏見工業ラグビー部・日本一への挑戦
よみがえれ日本海～ナホトカ号　重油流出・30万人の奇跡

第6巻「ジャパン　パワー、飛翔」

伝説の深き森を守れ～世界遺産・屋久杉の島
町工場　世界へ翔ぶ～トランジスタラジオ・営業マンの闘い
女たちの10年戦争～「男女雇用機会均等法」誕生
エベレストへ　熱き１４００日～日本女子登山隊の闘い
奇跡の心臓手術に挑む～天才外科医の秘めた決意
ゴジラ誕生～特撮に賭けた80人の若者たち

第7巻「未来への総力戦」

女子ソフト　銀　知られざる日々～不屈の闘い・リストラからの再起
男たち　不屈のドラマ　瀬戸大橋～世紀の難工事に挑む
『宗谷』発進・第一次南極観測隊～日本人が一つになった８８０日
倒産からの大逆転劇　電気釜～町工場一家の総力戦
えりも岬に春を呼べ～砂漠を森に・北の家族の半世紀

第8巻「思いは国境を越えた」

戦場にかけろ　日本橋～カンボジア・技術者と兵士の闘い
大地の子　日本へ～中国残留孤児・35年目の再会劇
液晶　執念の対決～瀬戸際のリーダー・大勝負
耳を澄ませ　赤ちゃんの声～伝説のパルモア病院誕生

第9巻「熱き心、炎のごとく」

史上最大の集金作戦　広島カープ～市民とナインの熱い日々
日本初のマイカー　てんとう虫　町をゆく～家族たちの自動車革命
霞が関ビル　超高層への果てなき闘い～地震列島　日本の革命技術
炎上　男たちは飛び込んだ～ホテルニュージャパン・伝説の消防士たち
腕と度胸のトラック便～翌日宅配・物流革命が始まった
男たちのH-Ⅱロケット　天空へ

第10巻「夢 遥か、決戦への秘策」

父と息子 執念燃ゆ 大辞典〜30年・空前の言葉探し
通勤ラッシュを退治せよ〜世界初・自動改札機誕生
兄弟10人 海の革命劇〜魚群探知機・ドンビリ船の奇跡
炎のアラビア〜巨大油田に挑んだ技術者たち
鉄の男たち 逆境からの日本一〜伝説の釜石ラグビー部

第11巻「新たなる伝説、世界へ」

逆転 田舎工場 世界を制す〜クオーツ・革命の腕時計
白鷺舞え 空前の解体工事〜姫路城・定年前の大仕事
絶体絶命650人 決死の脱出劇〜土石流と闘った8時間
巨大モグラ ドーバーを掘れ〜地下一筋・男たちは国境を越えた
リヒテルが愛した執念のピアノ
レーザー 光のメスで命を救え〜倒産工場と脳外科医の闘い

■プロジェクトX 挑戦者たち13 2002年7月下旬発売予定